典籍里的中国

帝王将相

有书 编著

天地出版社 | TIANDI PRESS

图书在版编目（CIP）数据

典籍里的中国.帝王将相 / 有书编著. — 成都：
天地出版社，2022.1（2023.12重印）
ISBN 978-7-5455-6621-5

Ⅰ.①典… Ⅱ.①有… Ⅲ.①政治人物—列传—中国—
古代 Ⅳ.①K820.2

中国版本图书馆CIP数据核字（2021）第212265号

DIANJI LI DE ZHONGGUO · DIWANG JIANGXIANG

典籍里的中国·帝王将相

出 品 人	杨 政
编 著	有 书
责任编辑	孙学良
特邀编辑	李媛媛
封面设计	今亮後聲 HOPESOUND 258059061@qq.com · 胡振宇 赵晓冉
内文排版	麦莫瑞文化
责任印制	王学锋

出版发行　天地出版社
　　　　　（成都市锦江区三色路238号　邮政编码：610023）
　　　　　（北京市方庄芳群园3区3号　邮政编码：100078）
网　　址　http://www.tiandiph.com
电子邮箱　tianditg@163.com
经　　销　新华文轩出版传媒股份有限公司

印　　刷　玖龙（天津）印刷有限公司
版　　次　2022年1月第1版
印　　次　2023年12月第30次印刷
开　　本　880mm×1230mm　1/32
印　　张　8.25
字　　数　171千字
定　　价　39.80元
书　　号　ISBN 978-7-5455-6621-5

01

焚书

我们先来看，证明秦始皇残暴的第一件事：焚书。

"焚书坑儒"一词出自《史记》，据司马迁记载：前213年，秦始皇在咸阳大摆盛筵招待众文武大臣及儒生，不想宴会上大臣之间发生争执。起因是以博士淳于越为首的儒生们主张恢复商周时期的分封制，而丞相李斯等朝中大臣则表示反对，他们赞同郡县制，双方争论不休。

淳于越说："我听说殷朝、周朝统治天下达一千多年，分封子弟功臣，辅佐自己。如今陛下拥有天下，而您的子弟却是平民百姓，一旦出现像齐国田常、晋国六卿之类谋杀君主的臣子，靠谁来救援呢？"

李斯直接回击道："五帝的制度不是一代重复一代，夏、商、周的制度也不是一代因袭一代，都是凭着各自的制度治理国家。况且你所说的是夏、商、周三代的事，哪里值得取法呢？现在儒生们不学习今天的新法却要效法以前的，以此来诽谤当世，这是惑乱民心啊。"一时之间，双方争执不下，最后李斯更是怒不可遏地向始皇帝上书。

由《史记》记载我们可以推断：首先，焚书最初并不是由秦始皇提出，而是由李斯提出的。而且即使在当时淳于越重提分封的情况下，始皇也并没有责罚他，而是让大臣讨论。焚书是后来李斯上书建议秦始皇实行的。

其次，李斯上书进行焚书的目的是确保当时"法家"的"一尊"地位。禁止百家私学对法家的非议，同时也确保皇权的威势，禁止人们对皇帝有非议。

任何一个政权，在刚建立的时候都有统一思想的必要，这样便于管理。秦的统一是通过吞并其他六国实现的，而战国时期，六国都有各自的政治思想体系与文化。秦在统一这些拥有不同思想文化的国家后必须要统一思想体制，否则就不能巩固刚建立的大一统王朝。

秦国奉行法家思想，因此秦统一六国后必定会在全国推行法家思想，定"法家"于"一尊"是无可厚非的。焚书则是作为统一思想的一种手段，只不过这个方法太过激进了些。

我们再看看中国历史上其他朝代统一思想的手段。

汉朝，汉武帝实行"罢黜百家，独尊儒术"。我们仔细想一想就会发现，汉武帝的手段实质与秦始皇焚书无异，都是为了加强思想方面的控制来巩固统治，只不过武帝的手段高明些。儒家强调对人的教化，法家主张严刑峻法，自然很多人青睐儒家。再加上后来始皇实行焚书，烧毁众多书籍，更让许多其他学派，尤其是儒家学派的人对始皇心存怨恨。

再看看清朝，乾隆在位期间，借编撰《四库全书》之名禁毁图书，采取抽毁或窜改的手段，将不利于其统治的图书彻底毁灭。乾隆的做法，不仅将图书禁毁得彻底，还掩饰了其摧残文化

秦始皇嬴政：毁誉参半的千古一帝

"臣请诸有文学《诗》《书》百家语者，蠲除去之。令到满三十日弗去，黥为城旦。所不去者，医药卜筮种树之书。若有欲学者，以吏为师。"始皇可其议，收去《诗》《书》百家之语以愚百姓，使天下无以古非今。明法度，定律令，皆以始皇起。同文书。治离宫别馆，周遍天下。明年，又巡狩，外攘四夷，斯皆有力焉。

——《史记·李斯列传》

秦始皇被一些人称为"千古一帝"，然而两千年来，对他的谩骂之声也不绝于耳。他被另一些人渲染得残暴不仁，声音似豺狼，内心如虎狼。司马迁在《史记·秦始皇本纪》中是这样描述秦始皇的："秦王为人，蜂准，长目，挚鸟膺，豺声，少恩而虎狼心，居约易出人下，得志亦轻食人。"

什么意思呢？"蜂准"就是人们常说的塌鼻子（马鞍鼻），"挚鸟膺"指鸡胸，"豺声"表明他有气管炎。据郭沫若推测，秦始皇可能有生理缺陷，是一个软骨病患者。他刻薄寡恩，有着虎狼一样的狠毒心肠。他焚书，坑儒，筑长城，劣迹斑斑，令人发指。

至于秦始皇的身世，更是被描述得不堪入目，被人说成是母亲与情夫吕不韦生的儿子。不仅如此，母亲当了太后还在后宫养男宠，男宠嫪毐是个假太监，最后两人还有了私生子。家庭淫秽，混乱，乌烟瘴气。

至于这些到底是真是假，暂且不做评判，史学家们目前也无法做出定论。那么历史上其他人对于秦始皇是怎么评价的呢？李白曾写道：

秦皇扫六合，虎视何雄哉。

飞剑决浮云，诸侯尽西来。

明断自天启，大略驾群才。

……

由此可见，大诗人李白还是很欣赏秦始皇的。

秦始皇十三岁继承王位，三十九岁称帝，在位三十七年。他是第一位完成华夏大一统的君主。然而，他的丰功伟绩却没有得到与之相匹配的赞美，两千多年来一直遭人唾骂，被说成是暴君。焚书、坑儒、修长城这三事件成为后世诟骂秦始皇残暴的直接证据，可历史真的是这样吗？

的恶名。从禁书手段说，乾隆比秦始皇"高明"得多。所以乾隆皇帝不仅没被后世诟病，还得到不少赞美。

我们再来看，秦始皇焚的到底是哪些书。实际上，他烧的是被灭六国的史书，以及《诗》《书》百家语等民间私藏之书；而秦国的史书，官方收集的书籍以及医药、卜筮、种植之书不在焚烧之列。所以秦火之后，儒家经典和诸子百家还可复见。

纵观整个封建社会，我们可以发现，历朝历代君主都在加强思想控制，其手段与始皇相比有过之而无不及。而后世却将毁灭中华传统文化的这顶大帽子扣在了秦始皇的头上，这不得不让人替秦始皇感到冤屈。

02

坑儒

我们再来看罪证二：坑儒。

这里的儒，到底是不是儒生，目前史学界尚有争议。有说是方士，有说是儒生，也有说一半是儒生一半是方士。这诸生到底是些什么人，我们暂且不讨论，先来看看所谓坑儒是怎么回事。

从《史记》记载来看，秦始皇不是无缘无故去坑杀人的，而是因为遭到卢生和侯生的欺骗。当时发生了什么事呢？请看太史公的描写。

　　当时天下刚刚统一，大事小事都要由秦始皇决定，秦始皇批阅的竹简（奏折）每天都有定额，阅读达不到定额，就不能休息。他希望自己能长生不老，建立的政权可以万世不朽，因此派遣侯生和卢生寻找仙药。

　　大家都知道，这世上哪有什么长生不老之药，那都是骗人的，侯生和卢生只不过是为了敛财。自知找不到仙药无法交差，回来只有死路一条，于是他俩合计了下，赶紧逃跑。秦始皇花费了大量人力、财力、物力，以为他们能给他寻回长生不老之药。而他们却把这些钱财据为己有，最后知道事情即将败露，为了逃避惩罚跑路了，并通过诽谤秦始皇来掩饰他们的欺骗行为。

　　我想作为一个普通人，上当受骗之后都会想惩罚骗子，何况是一个皇帝，一个拥有至高无上权力的皇帝，所以必然会动用权力去惩治冒犯他的尊严与人格的骗子。但是骗子最后却逃跑了，秦始皇只能把怒火发在所谓的"诸生"身上。诸生为了逃避罪责，相互揭发，其中肯定有无辜者，这也是难以避免的。

　　据《史记》记载，诸生当时揭发的都是自己身边的人，这又是为什么呢？而且侯生、卢生他们求药，也绝不仅仅是他们两人的事，因此坑杀的四百六十多人到底是不是都是无辜之人我们也不可妄下定论。有关"坑杀"，是不是活埋，目前也还有些不同意见。

　　古人经常将东汉党锢事件与坑儒事件进行比较。东汉桓、灵二帝之前，宦官、外戚专权，但有名臣陈蕃等人主持朝政大局，

梁武帝萧衍："菩萨皇帝"一心向佛

癸巳，舆驾幸同泰寺，设四部无遮大会，因舍身，公卿以下，以钱一亿万奉赎。冬十月己酉，舆驾还宫，大赦，改元。

——《梁书·武帝本纪》

"南朝四百八十寺，多少楼台烟雨中。"唐朝诗人杜牧的一首《江南春》，让人们对南朝佛教的盛况有了真切的感受。在南北朝那样一个金戈铁马的乱世中，有的不只是白骨累累的惨象，还有禅钟梵唱发出的祥和之音。

在南朝的寺庙里，钟声透过迷蒙的烟雨，飘荡在空中，悠扬入耳。而造就这一佛教盛况的，便是被称作"菩萨皇帝"的梁武帝萧衍。只可惜，笃信佛教、一心向善的萧衍，最终却因过度沉迷佛教而未能善终……

01

"号令天下，谁敢不从"

萧衍的父亲萧顺之是南齐开国皇帝的族弟，因此，他们一家人是数得着的皇亲国戚。据说，萧衍出生时，手上有一个"武"字，这先天胎记仿佛注定了萧衍的一生与"武"有缘。

但让人大跌眼镜的是，长大后的萧衍更钟情文学，史书称其"少有重名，文才见长"。在他少年时，便加入了南齐竟陵王萧子良创建的文人团体，并与当时著名的文士沈约等人合称为"竟陵八友"。可以说，萧衍早年之所以能够声名鹊起，靠的是文才，不是军功。

如果萧衍生活在一个太平世道，那他肯定会成为一代文豪。只可惜，乱世的烽火打断了他的文人梦，在命运的催逼下，萧衍只能"以武自强"。此时正值南齐末年，南齐小皇帝听信小人谗言，诛杀了很多功臣。虽然萧衍向来尽职尽责，可小皇帝还是不准备放过他们一家人。

萧衍的大哥萧懿，是小皇帝的头号忠臣，他曾多次救皇帝于危难之中。但就是这样一个大忠臣，也没能逃脱皇帝的毒手。大哥的死，让萧衍感到悲痛和心寒，但更多的是愤怒！曾以一人之力救皇帝于水火的大哥，竟反被皇帝杀害，这让萧衍当机立断：老子反了！为兄报仇，讨伐昏君！

忠臣萧懿的死，令天下寒心，使万民悲愤。于是，萧衍光明

自"有书相伴，终身成长"确立为有书的品牌理念以来，有书一直都践行着帮助大家通过阅读、学习、思考、实践而不断完成自我成长，以达到"终身成长"的目标，帮助大家追求更美好的生活，创造和实现人生更大的价值，赋予生命更丰富的意义。

在此之前，自有书成立的那一天起，我们也一直都在做着这样一件事，那就是通过有效途径，带领数千万和我们一起学习的书友们，实现知识范围的拓展、认知层次的提升、思考方式的转变、个人技能的发展，从而实现无论是精神生活还是现实生活，都进入一个更加幸福的状态。

在帮助书友实现"终身成长"的过程中，产品输出文化内容，为大家带去文化价值，一直是有书内容体系的目标和意义之一，"文化"也一直是"有书"公众号最主要、最鲜明的标签。

有书的同学，尤其是新媒体的同学们都相信并感同身受地认为，文化内容带给人们的力量，绝不亚于任何其他形式，文化的作用是潜移默化又深远持久的。

我们相信"腹有诗书气自华"，文化的价值是不能够量化的，持续被文化内容熏陶，在文化知识中学习进步，给人带来的改变是自内而外的。

一个人持续被文化内容影响，往往先从思想开始发生改变，当读过了足够多的好的书籍，领略过了足够优质的文化内容，内心会产生一种自信，伴随自信而生的，是眼界的拓宽，智识的增长，看待事物、思考问题的方式逐渐优化，等等。

一个人内心足够强大，会如拥有才华一样外溢，会因内部强大而改变外部条件。这也是我们坚信一个人拥有了足够丰富的文化知识，就一定能够创造出外化价值的根本原因。

传播文化内容，提供文化价值，借助博大精深的中华文化帮助大家高效成长，是有书的理念，也是有书新媒体肩负的使命。多年来，有书新媒体矢志不渝地坚持着这项使命，而这一次在"有书"公众号上开设的《名著》专刊，可以说是在践行过程中的一次创举。

新媒体的同学说，《名著》专刊的创立，传播的文化内容，给读者们带去的价值，改变的人群及取得的成就，都意义非凡，为行业仅有。

而大家所不知晓的是，在碎片化、快节奏的新媒体阅读环境下，打造一个"深耕内容，阅读历史"的日更文化内容专刊，需要克服多少困难。

好在，我们坚持了下来，并取得了日更上线400余篇原创文章，累计读者上千万等傲人成就。为此，必须要为新媒体的同学们点赞。

每一篇文化类的文章，都有其永久的价值，永久的生命力，永久的意义。

这些优秀的好文章虽然发表在了网络平台上，但文章本身的生命意义不应局限于此，因此，当得知新媒体的同学将文章策划出版成为图书时，我为此感到高兴，这是有书新媒体取得的成就，也是有书内容业务的一次丰富，更是因为我们做了这么一件非常有意义的事，传播了主流文化，借助文化的力量改变了更多的人。

在未来，有书会持续创造更有价值的文化内容，借助文化的力量帮助更多的人成长。

我们也相信，在当下，会有越来越多的人愿意去深度学习文化，感受文化的力量，在未来，会有越来越多的人因文化而成长，会因拥有丰富的文化知识而生活得更加美好。更加幸福。

有书创始人兼CEO 雷文涛

2021年6月

目录
Contents

第一章

传奇帝王

士大夫等心向朝廷，局势尚未到不可收拾的境地。但两次党锢之祸后，清正的官员不是被害就是被禁锢，宦官更加为所欲为，残害百姓，因而激起民变，酿成黄巾之乱。

黄巾之乱以后群雄并起，东汉最终走向了灭亡。据史书记载，党锢事件"或死或刑者数百人"，死亡人数与坑儒人数大体相当，且除了"诸生"还有当时的一些著名学者。东汉的党锢事件与秦始皇的坑儒事件，相比之下，哪个更加残酷？

魏晋之际，"天下多故，名士少有全者"。清朝的文字狱，就不必说了，"清风不识字，何故乱翻书"。而这些事件和秦始皇坑杀的四百六十多人相比，又该如何评价？

03

筑长城

我们再来看，最能证明秦始皇残暴的一件事：筑长城。

提到长城，我们首先想到的就是"孟姜女哭长城"的故事。我们在感慨孟姜女悲惨遭遇的同时对秦始皇充满愤恨之情，觉得他太残暴。

可"孟姜女哭长城"历史上真的存在吗？

最早记载孟姜女其人的是《左传》，里面是这样说的：孟姜原是春秋时齐国将军杞梁的妻子，前549年杞梁在莒（今山东莒县）战死。齐庄公在郊外见到孟姜女，便开始吊唁杞梁将军。孟姜女觉得郊外不是吊丧之处，对齐庄公进行了劝阻，齐庄公后来特地到她家里进行了吊唁。

原本是春秋的杞梁妻哭夫，后来逐渐演变成秦朝的孟姜女哭倒长城，成了抨击秦朝暴政的素材。因此"孟姜女哭长城"一说完全不能成立，自然也不能作为抨击秦始皇残暴的证据。

其次，说到长城，百姓只会记得它劳民伤财，却忽略了它当时所起的防御作用。

筑长城并不是秦始皇首创的。早在前7世纪前后，各诸侯为了抵御外敌，就开始在自己的领地上修筑高大的城墙，这些城墙被称之为长城。前4世纪前后，燕、赵、秦等国为了防御北方游牧民族的袭扰，相继修建长城。秦始皇把赵、秦、燕、韩等国原来的长城连接起来，又增筑扩建了一部分，形成了万里长城。

当然许多人会说，经历了战国时期的大动荡，秦朝刚刚统一，民生凋敝、国力孱弱，始皇应该休养生息。而此时秦始皇却举全国之力修筑长城，实在是劳民伤财。秦始皇修筑长城，其实是为了抵御北方的匈奴南侵。在当时的条件下，也只能是强迫百姓服徭役。

大秦刚刚统一，国家还不是很稳固，还面临周边游牧民族侵犯的危险，尤其是北方的匈奴。匈奴人居无定所，且善于马上作战，在北方边境神出鬼没，战线很长，如果长年和匈奴作战，刚刚完成统一，国内政局尚不稳定的秦王朝有些顾不过来。一旦出现差池，刚刚统一的中央集权国家必然又要面临分裂与混战的局面，彼时人民将会遭受更大的灾难。

有了长城，我们尚且有防守或者反攻的机会；如果没有长城，一旦匈奴人南下，中原会变成什么样可想而知。

长城的存在，减少了匈奴侵犯边境的次数，也有效遏制了匈奴吞并中原的野心。由于当时生产力低下，各项工作主要靠人力，并且是大量的人力，才有可能完成这看上去根本不可能完成的任务，因此人力财力耗费巨大。

始皇之后，历朝历代几乎都在修长城，当然也存在不少大臣还有帝王反对修筑长城，理由自然还是：不仅没能有效阻挡外敌，而且劳民伤财。

如果说修筑长城真的没用，那么为何历代帝王还在修？除非历代帝王还有那些大臣都是傻子，否则，同样的错误不会延续一千多年（清朝没有修）。

在今天看来，在当时生产力落后的条件下修筑这样一条壮观的万里长城确实不易，每一截城墙下面或许就是一堆白骨，想想真的是很残忍。但在当时，这是无奈之举，并且从长远看，修长城是具有战略意义的。

今天，长城的战略意义早已退出了历史舞台，更多的是它所蕴含的精神与文化意义。两千多年来，没有人能从认识上割裂万里长城，因此也就无法割裂中华民族。长城对中国人来说，是意志、勇气，更是力量的象征！

04

后世的评价

鲁迅先生曾这样评价秦始皇：

> 德国的希特拉（即希特勒）先生们一烧书，中国和日本的论者们都比之于秦始皇。然而秦始皇实在冤枉得很，他的吃亏是在二世而亡，一班帮闲们都替新主子去讲他的坏话了。
>
> 不错，秦始皇烧过书，烧书是为了统一思想，但他没有烧掉农书和医书；他收罗许多别国的"客卿"，并不专重"秦的思想"，倒是博采各种的思想的……
>
> ……………
>
> 但是结果往往和英雄们的预算不同。始皇想皇帝传至万世，而偏偏二世而亡，赦免了农书和医书，而秦以前的这一类书，现在却偏偏一部也不剩。

还是鲁迅先生看得明白啊。书同文，车同轨，统一文字、度量衡；开灵渠，修驰道，创造中国历史上第一条"高速公路"……始皇的这些伟大举措都利在千秋，可他却没有得到作为一个伟大帝王应有的公正评判，这到底是为什么？鲁迅先生也给出了答案。

　　主要原因是秦朝存在时间太短，作为一个短命王朝尤其是只有十几年历史的短命王朝，真正记载秦朝历史事件的史料少之又少，所以它的历史只能由后世来记载。而且正是由于它存在的时间短暂，没有后世为其先祖粉饰美化，再加上当时秦始皇的许多做法不得民心，因此其死后人民才会"有恃无恐"地对其进行"诋毁"。秦是被汉灭亡的，汉朝又怎么可能会为一个自己推翻掉的王朝去写赞歌？

　　当然历史只能是历史，没有假设，我们也只能为秦王朝的短暂存在而感到惋惜了。

汉献帝刘协：从傀儡皇帝到济世郎中

> 冬十月乙卯，皇帝逊位，魏王丕称天子。奉帝为山阳公
> （山阳，县名，属河内郡，故城在今修武县西北），邑一万
> 户，位在诸侯王上，奏事不称臣，受诏不拜，以天子车服郊祀
> 天地，宗庙、祖、腊皆如汉制，都山阳之浊鹿城。四皇子封王
> 者，皆降为列侯。
>
> ——《后汉书·孝献帝纪》

01

亡国之君

220年，一个中年男人被魏国的文臣武将逼迫，无奈答应把皇位禅让给曹操的儿子曹丕。这个中年男人就是大汉王朝最后一位皇帝，谥号汉献帝。

逼宫这种事，哪怕新君主心里是这么想的，明面上也不能由他发起。所以，曹丕的亲信便心领神会，充当起逼宫篡位的急先

锋。当汉献帝看到昔日熟悉的面孔目露凶光时，顿时产生变故将至的崩坏感。

在位三十年，汉献帝用尽一切办法阻挡帝国的陨落，最终却落得一个令人扼腕的结局。叹息和同情之外，人们更多的是对他的抨击，认为他是大汉的亡国之君，无能之辈。

千百年来，对汉献帝的评价似乎比那位"此间乐，不思蜀"的安乐公好不了多少。人们在赞颂曹操、刘备、孙坚等人的英雄壮举时，总会顺带嘲讽下这位帝国最后的守护者。

《三国演义》问世后，揶揄和抨击的力度更是变得无以复加。可当我们穿越历史的帷幕，让被偏见蒙蔽的双眼触碰到每一幕悲欢离合时，一切积重难返的偏见都显得有些片面，一切冷若冰霜的旁观者语都显得不辨情由。

汉献帝，真的不是一无是处的亡国之君。

02

灵帝的选择

汉献帝名叫刘协，生于181年，他的母亲是王美人。王美人出身名门，姿容俏丽，举止端庄，进宫之后颇受汉灵帝宠爱。当然，这在正宫何皇后眼里是不可容忍的。而且，王美人不仅是她的情敌，还是她的政敌，这就注定王美人的宫廷生活危机四伏。

王美人怀上刘协的时候，何皇后就搞小动作下药让她流产，可惜最后药效并未发作。于是，何皇后就密谋更狠毒的计策。有一天，王美人如往常一样喝下汤药，结果当场身亡。这时候，刘协尚在襁褓之中，世界在他眼里模糊而又新奇，他根本不知道失去母亲意味着什么。

转眼间，刘协和刘辩都长大了。刘辩就是何皇后的儿子，算是刘协同父异母的哥哥，可和弟弟相比，刘辩这个哥哥举止轻浮，言谈乏味，完全没有帝国继承者的气质。这一来，让老爹汉灵帝犯了愁：虽说自古废长立幼都是取祸之道，可这当哥哥的完全烂泥扶不上墙，该如何是好呢？

思来想去，灵帝还是对现实妥协了，把皇位传给了刘辩。这个决定，究竟是否正确呢？

没关系，汉灵帝并不需要为这个抉择担责，因为很快就有人现身搅局。这个人，就是董卓。

03

九岁的小皇帝

189年，汉灵帝驾崩，大将军何进又被宫里十个太监密谋杀害，史称"十常侍之乱"。

何进被杀，他的老部下袁绍、曹操等带着人马进宫问罪，发生了打斗。十常侍残部带着刘辩、刘协等人逃出皇宫。

正当大家在荒野里逃窜时，奉命进京勤王的董卓率领西凉铁骑呼啸而至。别看刘辩已经当了皇帝，但他毕竟年幼，在宫里也没经历过战事。一见西凉军的阵势，顿时双腿发颤，舌头打结。

董卓见状，心里既得意又失望。汉室倾颓，国运衰败，这是他的机会——可这刘辩确实也太没有人君之相了，就算当个傀儡也看着难受。

这时候，刘协不慌不忙地站了出来："将军勿要多疑，他便是当朝天子，我是他的弟弟。"

董卓一听，继续问道："既是天子，何故狼狈逃窜至此？"

刘协笑了笑说："宫中突生变故，敌情难料，故而暂时避祸。"

一番对答后，董卓摸了摸胡须，心想，此子才有帝王之相。

不出一年，董卓就把持了朝政，并且逼迫刘辩退位，改立刘协。坦白来说，如果是天生怯懦无能之辈，不可能在董卓面前如此冷静从容。更何况，刘协还真的只是个孩子。

189年，年仅八岁的刘协登上了皇位。次年，袁绍、曹操等人组建了一支讨董联军，两边开始了一场大战。

作为汉朝的臣子，袁、曹等人当然不是针对刘协，而是看不惯董卓独断专权。董卓自己也知道，纵有二十万铁骑随身，也难以抵挡滔滔不绝的天下民怨。于是，他干脆火烧洛阳，带着刘协和部下人马迁都长安。

192年，董卓被部将吕布和司徒王允联手杀掉。董卓一死，朝廷又陷入新一轮的权力洗牌。王允和吕布无法有效控制局面，不久后，长安又落入董卓旧将李傕、郭汜等人之手。眼见一波未平，一波又起，刘协依旧从容不迫，并一步步展现出他的帝王之道。

04
"挟天子以令诸侯"

董卓迁都长安时，纵容部下在洛阳城烧杀抢掠，让昔日的繁华国都变成了灾难的海洋。这一切，刘协都看在眼里，他绝对不想让自己的子民再陷入类似的苦难。

194年，长安爆发饥荒，饿死许多人。刘协闻讯，下令开仓放粮赈灾，然而还是发生了人吃人的惨剧。对此，刘协十分气愤，他怀疑是御史侯汶从中作梗，便亲自调查此事。果不其然，侯汶一直在克扣朝廷赈灾的粮食，于是刘协下令对其廷杖五十，长安粮食危机才得以化解。

在此期间，李傕和郭汜两个人渐生嫌隙，武装斗争的势头愈演愈烈。刘协派人从中调停，结果两边都不买账。

刘协心里清楚，李傕、郭汜都是行伍出身的大老粗，没什么政治素养和文化修为。但是，他也借此明白一个痛彻心扉的事实：在没有武装的支撑下，他的皇帝权威永远不会得到确立。在他心里，时刻梦想着一个能在武装上给予他无限支持的人。

196年，这个人出现了，他就是曹操。当刘协和大臣们无可奈何地前往曹操驻地许昌时，汉朝的权柄其实已经落入了曹家的掌控。

刚十五岁，刘协就失去了作为国家统治者的几乎所有权力。在此之前，尽管风云变幻，但他至少还保留了绝地反击的可能。无论董卓、王允，还是李傕、郭汜，都没有一个人可以完全掌控刘协。但是，后来居上的曹操似乎做到了，于是便有了"挟天子以令诸侯"的现实。

难道就这样了吗？当然不会，刘协从不主动屈从于任何人，他有着天子与生俱来的倔强。

05
无力的抗争

200年，车骑将军董承跟王服、种辑等人受衣带诏，密谋推翻曹操的统治。此事的发起者是董承，但幕后推动者正是刘协。

这几位候选人都是政治认同和军事实力兼备的人选。可惜天不遂人愿，受衣带诏的计划最终暴露。董承、王服、种辑皆被处死。

失败一次，刘协就垂头丧气了吗？当然不会，他又开始等待第二个机会。这一次，发起者变成了他的夫人伏皇后。

对于曹操的残暴专权，伏皇后很是担忧，便写信给自己的父亲伏完，希望他仿效董承，带头推翻曹操。很不巧，这事情也很快败露，伏皇后还因此赔上了性命。但很有意思的是，这次曹操也没向刘协讨要说法。

第一次事变，完全是刘协幕后策划。第二次事变虽然看上去是伏皇后的个人作为，但如果没有刘协的默许，这件事肯定不会发生。常言道，事不过三。如果再出现类似的事件，曹操对天子的态度会不会发生改变？会不会废黜天子，代汉自立？

不管怎么说，刘协可能预感到了：历史就是要让他见证汉朝的谢幕。

06
———
体面退出

曾经有人问过曹操：何不取汉代之？曹操回答：若天命在吾，吾愿为周文王。

显然，曹操不是不想做皇帝，而是天不假年，一旦他做了皇帝，各地诸侯都会群起效仿，世道会变得更加混乱，北方来之不易的安定统一也会面临威胁，人民将再度陷入战乱。这些都是曹操不愿看到的，虽然他统辖的大汉疆土最为辽阔，天下三分有其二，但他只想做个周文王那样的角色。

220年，曹操去世，曹丕继位。很快，刘协便接收到各种明里暗里的提醒，告诉他汉祚至今，天数将终，希望陛下上承天意，下顺民心，效仿尧舜禅让。说直白点，就是让他识趣点，别赖在皇帝位置上不动。

青年时期，刘协风华正茂，豪气冲天。在扑朔迷离的局势面前，他还希望自己大展拳脚，翻云覆雨。中年时期，刘协几经抗争，都惨遭挫败。在曹魏势力把持了大半个中国的前提下，无论政治军事，还是世道民心，他都没有任何翻盘的资本。

也许，一场体面的退出，是各方势力博弈的最佳选择。当曹丕君临天下的时候，他还笑吟吟地对刘协说：好东西，咱们今后要一起享受。但在刘协心里，这一切都已经无所谓了。

07
皇帝变医师

被册封为山阳公后，刘协和皇后曹节一起迁居河南。在那里，夫妻俩开起了医馆，要么上山采药，要么就免费给当地百姓看病。

皇帝化身郎中，这个转变有些突然，但也完全符合刘协的内心轨迹。无论是早年杖责侯汶，赈济灾民，还是后来悬壶济世，救死扶伤，刘协始终都是知行合一，践行内心的仁厚之道。

他也很聪明。蛰伏之时，他观察各种势力的博弈，从中为自己寻找翻身的机会。受困之际，他徘徊在忠良和权臣之间，最大限度地延长汉帝国的寿命。哪怕后来流落民间，他依然是内圣外王的汉献帝。

234年，刘协逝世。同年离去的，还有蜀汉丞相诸葛亮。当后世把"亡国之君"的帽子狠狠地扣在刘协头上时，我们不妨理性审视他的过往和遭际，设身处地考虑一下他的无奈与忧愁。

他没有"天子守国门，君王死社稷"的悲壮，也没有李煜的词句、赵佶的画笔，以至后人都没有为他奋笔疾书的欲望。

可是，如风一般吹过，如水一样流走，又何尝不是一种智慧呢？

刘协身陷牢笼，几度抗争，却依然洗刷不掉无尽的谩骂和责难。作为帝王，他迷恋的不是权力，而是心中的道义。哪怕后来远离了权力中心，他也襟怀坦荡，心无挂碍。

"知质有圣曰献。"纵观刘协的一生，完全不负"知质有圣"的评价。

正大地起兵造反了，而他起兵的理由是相当高尚且霸气的——吊民伐罪！他首先就向天下人表明了自己的态度：我就是要推翻腐朽的南齐，我就是要自己当皇帝。

接着，他将这次起兵比作"武王伐纣"，并喊出了一个口号："号令天下，谁敢不从。"大家是否觉得耳熟呢？没错，金庸《倚天屠龙记》中的屠龙刀口号正是脱胎于此。喊着霸气的口号，带着霸气的军队，萧衍就这样从襄阳出发，目标直指南齐都城建康（今南京）。

之后，他给小皇帝写了一封檄文，在檄文中毫不留情地痛骂了小皇帝一通，并处处以"周武王"自比，而将对方视为"商纣王"。在"口号+行动"的双重作用下，萧衍很快就攻破了建康城，建立了自己的"正义之国"——梁。

在南梁建国初期，萧衍重用亲族，大肆分封，真就贯彻了当年周武王的治国方针。其实，萧衍此时的志向是远大的，他确实以周武王为榜样，想要开启一个盛世。

02
"佛系"人生正式开始

萧衍建国后，前期的政绩是非常显著的。他勤于政务，不分春夏秋冬，总是早早起床批阅公文奏章，由于江南的冬天阴冷潮湿，萧衍的手都冻裂了。此外，他还非常节俭，他"一冠三年，一被二年"，完全没有享受皇帝的高规格待遇。

可即便如此，萧衍仍觉得不够。南北朝时期的社会风气，实在是太差劲了。在长年累月的刀光剑影中，忠孝伦理观念早已被戳得千疮百孔。萧衍认识到了这个问题的严重性，所以，他把恢复"忠孝伦理观念"定为治国的首要任务。

然而，他推行的不是儒学，而是佛教，借用百姓对"佛"的崇敬，来劝人向善。为此，作为一国之主的萧衍，摇身一变成了全国寺庙最大的赞助商。他下令修建了很多寺庙，其中有两座格外引人注目，因为它们是萧衍以自己父母的名义兴建的。

寺院建成后，萧衍为父母举行了盛大法会，以此来彰显孝心。萧衍的这一行为，不仅感动了身边的大臣，也震惊了全国的百姓。当时的佛学家萧琛毫不吝啬地称赞说："妙策神机，发挥礼教，足使净法增光，儒门敬业，物悟缘觉，民思孝道。"

在兴建寺庙的同时，萧衍更是身体力行，按照佛教的清规戒律生活。他曾撰写《断酒肉文》，自己每天只吃素食，中国汉族僧人不食荤腥的规定，便是出自萧衍所倡导的吃素理念。自此萧衍有了另外一个称呼——菩萨皇帝。

虽然此时的萧衍大兴佛教，但他本人还没有真正研习过佛学。当他与达摩祖师探讨佛学时，便显得不明所以。当时，达摩来中国传播佛学。萧衍听说他造诣很高，便邀请达摩进宫一叙。萧衍一见到达摩，就迫不及待地问："我一直致力于建寺、写经、度僧、造像，做了这么多好事，有多少功德呢？"

这话说得很直接，明眼人一看就知道，这是一种自我炫耀。哪知达摩回答："没有功德。"萧衍又惊又怒，疑惑地问："为什么？"达摩说："因为这些都是表面文章，形象工程，算不得发自内心的功德。"

萧衍听后很失望，敢情我的付出，在你看来什么都不是。不过他还是不死心，接着问："那什么才是佛学的真谛？"达摩回答："哪有绝对的真理，佛在我心，心即是佛。"话不投机半句多，萧衍认为达摩拿些故弄玄虚的话来糊弄他，而达摩也明白，这位菩萨皇帝看来对自己并无好感。于是二人起身作别，各走各的路去了。

此时的萧衍虽然不深谙佛学，但他借佛教教义治国理政，却取得了很大成果。在南梁立国后的数十年中，人民生活富足，国家文化繁荣，开创了魏晋以来少有的一段盛世。就连清朝思想家王夫之也对萧衍赞不绝口："梁氏享国五十年，天下且小康焉。"

03

一边念佛，一边理政

一天，同泰寺里来了一个气度高贵的人。他来这里，一不为游玩，二不为烧香拜佛，而是要来这里"舍身为奴"，这个人就是萧衍。当得知萧衍舍身寺庙的行为后，大臣们可都坐不住了。他们苦劝无果，最终只好用重金把他从寺庙里给赎了回来。

就在萧衍痴迷佛法、舍身佛寺之时，北魏发生了内乱。对于南梁来说，此时举兵北伐是个千载难逢的机会。虽然萧衍此时已志不在此，但这样的好机会却是任何人都不愿放弃的。于是他怀着试试就好、不必认真的心情，让陈庆之去碰碰运气。

这陈庆之当时是个名不见经传的小人物，准确地说，他是萧衍的棋伴。萧衍平时喜欢下棋，而且棋瘾很大，通常一下就是一宿，很多大臣都没这个精力能够陪他下通宵。只有他身边的陈庆之精力旺盛，下起棋来不知疲倦，也因此深得萧衍赏识。所以，萧衍把这次北伐的重任，交给了自己的亲信棋伴陈庆之。

在临行前，萧衍拍了拍陈庆之的肩膀，漫不经心地说："你就看着办吧！"说完就转身回寺庙中诵经了。就这样，陈庆之披上了自己的白袍，带着七千人信心满满地出征了。

当他来到睢阳城下时，面对对方守城的七万军马与即将到来的两万援军，陈庆之只说了一个字"打"！说干就干，三通鼓过，睢阳城应声而破，而前来支援的两万援军也顺便被一窝端了。七千打七万，我攻敌守，陈庆之胜！

睢阳已破，下一个目标就是兵精粮足的荥阳，而这次不仅城中有七万守军，更有从后赶来的二十余万北魏援军。在这进退维谷的困境中，陈庆之依旧只是一个字"打"，并大获全胜。

史书记载陈庆之"一鼓登城",只击鼓一次，荥阳城便被拿下了。荥阳一战，陈庆之威名远扬，北魏皇帝仓皇之下，放弃都城洛阳，逃到了并州（今山西太原）。萧衍做梦也没想到，陈庆之七千军马还真就横扫中原，所向无敌了。

从睢阳到洛阳，陈庆之在不到半年的时间里，发起战争四十七场，攻占了三十二座城池，所向披靡。此时的中原大地，在陈庆之白袍军的震慑下，无不俯首称臣，百姓之间更是传唱着这样的民谣："名师大将莫自牢，千军万马避白袍。"

但胜利归胜利，由于此时的萧衍一心向佛，哪管战事胜负。在没有任何援助与补给的情况下，陈庆之只好选择撤退。萧衍一生中最辉煌的时刻，也就此宣告结束。

04
过度沉迷，无法自拔

如果萧衍一直勤于政务、坚守初心，那天下的纷乱很可能在他手上结束。正如史学家钱穆所说："独有一萧衍老翁，俭过汉文，勤如王莽，可谓南朝一令主。"然而历史没有如果，晚年的萧衍，虽身为一国之君，却沉溺于佛教，最终惹来了大祸。

他一次次地去同泰寺"舍身"，在理政和念经之余，他还亲自动手，为一些佛门典籍做注解。此时的他纵情恣意，早已忘记了身上的责任与国家的兴衰。不过这样任性的时光，很快就被打破了。

547年，萧衍做了他人生中最为错误的一件事——收留来自北方的叛将侯景。正是这次错误的收留，葬送了萧衍的一切。

一片佛光下的南梁，早已今非昔比了，老百姓大量进入佛门，使社会生产力受到极大削弱，国力日渐萎缩。别说是一统天下，就连自保也做不到了。引狼入室的萧衍很快便遭到了侯景的反噬，都城建康被攻破，自己也成了阶下囚。又有谁能想到，当年以武立国、以佛治世的一代明君，居然会饿死在冷冰冰的皇宫中。

萧衍活了八十六岁，当了四十七年皇帝。他本该风光地来，风光地走，却因一念之差，迷失了自我。他的一生，一半英明，一半愚昧，一半是佛，一半是魔。正如《四书集注》中所言："君子志于仁矣，然毫忽之间，心不在焉，则未免为不仁也。"

人生在世，做一时君子易，做一世君子难。始终如一，看似简简单单的四个字，却难倒了古往今来多少英雄好汉。可见，唯有坚持初心，才能赢到最后；唯有善始善终，才能不负人生。

唐高宗李治：被父亲和妻子的光芒遮挡

> 武氏之乱，唐之宗室戕杀殆尽，其贤士大夫不免者十八九。以太宗之治，其遗德余烈在人者未远，而几于遂绝，其为恶岂一褒姒之比邪？以太宗之明，昧于知子，废立之际，不能自决，卒用昏童。高宗溺爱衽席，不戒履霜之渐，而毒流天下，贻祸邦家。呜呼，父子夫妇之间，可谓难哉！可不慎哉？
>
> ——《新唐书·高宗本纪》

他的父亲，是流芳百世的明君，他的妻子，是空前绝后的女皇。相比之下，他的形象暗淡无光。史官讥讽他昏懦，民间评价他怕老婆，其实他的一生文治武功，成就辉煌。他就是被历史严重低估的帝王——唐高宗李治。

01

权力被架空

对一代明君唐太宗李世民来说，贞观十七年（643年），是他极其痛苦的一年。太子李承乾在行刺四弟李泰失败后，居然起兵谋反。他最宠爱的四子李泰，趁机请求父皇将皇位传给自己，并信誓旦旦地表示，在自己死前，一定杀了儿子，将皇位传给弟弟李治。

一个要杀弟，一个想夺嫡。唐太宗不得已，只得将这两个儿子废黜，发配到偏远之地。可皇位需要有继承人，唐太宗的目光，落在了第九个儿子李治身上。

李治和李承乾、李泰一母同胞，都是长孙皇后所生。在封建宗法制度下，李治比其他庶子更有继承资格。而且他禀性忠厚，唐太宗相信李治能善待两位哥哥。李治的亲舅舅长孙无忌手握重权，对他也是大力支持。就这样，李治被立为太子，在唐太宗病逝后，顺利继承皇位。

甫一登基，李治就把唐太宗时期的三天一上朝改成每天上朝，一心励精图治，可朝臣并不配合。以关陇集团为代表的门阀贵族把持朝政，排斥科举制度，压制平民子弟的上升之路。关陇集团的中坚人物长孙无忌，更以舅舅和顾命大臣的双重身份掌握大权，封锁言路。李治的权力被完全架空。

想要掌握实权，想要施展政治抱负，他必须想办法打破现在的局面。

02

与武则天相遇

即位不久，李治按礼制到感业寺为唐太宗进香。一个偶然的机会，他遇见了被迫在此出家为尼的武则天。

武则天，是唐太宗册封的才人。唐太宗病重的时候，武则天作为妃嫔，在皇帝病榻前轮班侍奉汤药。李治作为太子，经常要来给父皇请安问候。两人时常见面，彼此暗生情愫。

后来太宗驾崩，李治继位。武则天作为没有生育子嗣的嫔妃，和其他人一起被送到感业寺出家。再次相见，时过境迁，却让两人旧情复燃，恋恋不舍。

李治想要带武则天回宫，又担心长孙无忌等大臣的反对。武则天明白，只有新皇帝才有能力让她这个前朝嫔妃离开感业寺。他们一起在等一个合适的机会。

而机会，来得比想象中更快。李治的皇后王氏为了斗倒受宠的萧淑妃，主动将武则天接到宫中。不料武则天后来居上，在李治的默许下，武则天设计斗垮了王皇后和萧淑妃。王、萧二人俱被打入冷宫，武则天控制了后宫。

看似后宫争宠，本质却是权力洗牌。因为王、萧二人，出身关陇贵族，她们的垮台，意味着关陇集团在后宫的势力被大大削弱。

李治打算立武则天为后，长孙无忌、褚遂良等大臣坚决反对，理由是她服侍过先帝。关键时刻，李治找到了另外一位顾命大臣——与长孙无忌有矛盾的李勣，作为突破口。

李勣握有兵权，一言九鼎。李勣圆滑地说："立后乃是皇上家事，不需要问臣子的意见。"李治等的就是这句话，很快下旨，立武则天为皇后，同时把褚遂良贬到了长沙任职。

武则天得势后，玩弄权术，借力打力，长孙无忌连连被贬，最后不得不自杀。关陇集团许多元老级官员也受到牵连，门阀贵族的势力大受冲击。李治终于掌握了朝政大权，从此在政治上大展拳脚。

03

内外兼修的明君

李治在位三十四年，是唐朝在位时间仅次于唐玄宗的皇帝。

李治是个仁慈的君主。继位之初，立刻下令停止了太宗末年的辽东战役，缓和了社会矛盾。百姓安居乐业，人口迅速增长，历史上将这个时期称为"永徽之治"。

李治完善科举制度，明确士人可以"自举""自进"参加考试，而不必由官府举荐。这进一步打破了魏晋以来门阀贵族把持朝政的局面，很多平民子弟通过科举走上仕途。他任用的四十一位宰相中，有十三位是科举出身。而在唐太宗时代，仅有一位宰相是科举出身。自此以后，科举制逐渐代替举荐制，成为选拔官员的主要渠道。

李治重视法治建设，下令编修《唐律疏议》，这是中国现存最完整、最严谨的封建法典，对后世甚至整个东亚地区影响深远。这一时期政治清明，官员执法相对公正，百姓也大多安分守己。史书记载，有一年，大理寺卿唐临汇报，监狱中在押的犯人只有五十多个，只有两人需要判死刑。犯罪率之低，可谓奇迹。

对外，李治却是个铁血的帝王。刚继位时，他迫于无奈停止对高丽的征讨，但这份耻辱却从未忘记。后来，李治借新罗求援的机会，派兵攻打高丽和百济。后来彻底灭了高丽，一雪唐太宗几次征伐无功而返的耻辱。

李治还派程知节攻打西突厥，派苏定方灭了西突厥，一举稳定了西域。在他的统治下，唐朝版图东起朝鲜半岛，西临咸海（一说里海），北至贝加尔湖，南至越南横山，是有唐一代幅员最为辽阔的时期。

综观李治一朝，内则政治清明，外则战功赫赫。666年，李治率领百官到泰山封禅。在封建时代，这是一个皇帝所能拥有的至高荣誉。

04

传奇夫妻

取得如此成就的李治，却被司马光评价为"昏懦"，被《新唐书》称为"溺爱衽席""毒流天下"，原因就在于他重用武则天，挑战了男尊女卑的封建礼教。

中年的李治与武则天一起上朝理政，被大臣们称为"二圣临朝"。去世前，李治嘱托儿子如遇处理不了的大事可问计武则天，这也导致武则天大权独揽，改朝换代。为杜绝此类事情重演，后世史官不遗余力地夸大武则天的野心，贬低李治识人能力。

客观来讲，李治倚重武则天，是他能做出的最好选择。李治身体病弱，承受不了繁杂的政务，必须找人来分担。如果重用某个臣子，有可能培养出权臣，威胁到皇帝的权力。而重用武则天却没有这个隐患，因为武则天一直深爱着李治，二人根本利益一致。

李治弥留之际留下遗命，让武则天参与政事，更是深思熟虑的结果。儿子李显生性懦弱，执政能力有限。武则天却才干过人，又是李显的亲生母亲，必定会全心全意辅助儿子。在李治的计划里，武则天已经快六十岁了，即使野心再大，身体也支撑不了几年。待她身体衰弱后，李显已经足够成熟，足以做个合格皇帝。

只是他高估了继任者的能力，错判了武则天的野心和寿命。武则天居然活到了八十多岁，并自立为帝，改国号为周，她一度考虑将皇位传给武氏族人。幸而最终，天下又归于李唐王朝。武则天放弃帝号，以皇后的身份与李治合葬。这对传奇夫妇的一生功过化作两块石碑，任世人评说。

宋仁宗赵祯："仁"是对君主最高的褒奖

至于夏人犯边，御之出境；契丹渝盟，增以岁币。在位四十二年之间，吏治若偷惰，而任事蔑残刻之人；刑法似纵弛，而决狱多平允之士。国未尝无弊幸，而不足以累治世之体；朝未尝无小人，而不足以胜善类之气。君臣上下恻怛之心，忠厚之政，有以培壅宋三百余年之基。子孙一矫其所为，驯致于乱。《传》曰："为人君，止于仁。"帝诚无愧焉。

——《宋史·仁宗本纪》

他是天下第一仁君，他是宋朝在位时间最长的皇帝，他不是完美君主，却开创了盛世，他就是"百事不会，只会做官家"的宋仁宗——赵祯。

01

不存在的狸猫换太子

北宋大中祥符三年（1010年），宋真宗赵恒的第六个儿子出生了。因为前五个儿子都夭折了，第六个儿子取名为"受益"。天禧二年（1018年），八岁的赵受益被立为皇太子，赐名赵祯，也就是后来的宋仁宗。

关于宋仁宗赵祯的出身，大家熟悉的是《包青天》中的故事——《狸猫换太子》。但实际上，在真实的宋代历史中，皇家的产房里并没有狸猫出现。

宋仁宗赵祯的身世是怎样的呢？他有三位"母亲"。一位是生母李氏。李氏本是妃子刘娥身边的御侍宫女，在宋仁宗出生后，被封为"崇阳县君"。一位是抱养他的刘德妃刘娥，也就是后来的刘皇后。还有一位，是照顾赵祯的杨淑妃。刘娥对赵祯就像一位严父，她用立法来约束赵祯。杨氏更像一位慈母，对他颇为溺爱。

据《宋史·后妃传》记载："终太后世，仁宗不自知为妃（指李宸妃）所出也。"身为皇太子，赵祯从很小的时候就开始学习如何治理一个国家。赵祯七岁那年，父亲宋真宗便下诏书修建学堂，赐名"资善堂"。赵祯被立为皇太子后，翰林学士晏殊、参知政事李迪成为他的老师。

对于皇太子赵祯，大家给出最多的评价，就是他"天性仁孝宽裕"。他从小就懂得谦抑、克制。《文献通考》记载，赵祯虽然贵为皇太子，每次见到宾客，一定先行礼，并且放下身段，亲自迎接、送行。李焘《续资治通鉴长编》中有一处细节，说的是一位辅臣到资善堂参见皇太子，要行礼时，赵祯从不坐着受礼，而是坚持跪着。士大夫们相信，"持谦秉礼"的皇太子，未来一定是一位贤明仁圣的君主。

02
厚德载物

　　作为一代君王，世人都道他平庸无为，终生困坐于京城，爱恨也不能自主。但宋仁宗赵祯人格中的宽厚与自制，成为他生命中最可贵的美德。对待宫人，宋仁宗做到了宁可委屈自己，也不让别人受责罚。

　　有一次用膳，仁宗吃到了一粒沙子，本来就不好的牙齿一阵剧痛，他赶紧吐出来。仁宗立马对陪侍的宫女说："千万别声张我吃到沙子，否则御厨可是死罪。"

　　北宋魏泰《东轩笔录》还收录了这样一件事。有一年春天，宋仁宗在花园里散步，他好几次回头看，周围的人都不明白他什么意思。直到回到宫里，宋仁宗才说："我好渴，快拿水来。"嫔妃不解："官家，你为什么不在外面要水喝，何必渴着忍了这

最后，苏轼和苏辙兄弟俩一同登科。宋仁宗对"二苏"的评价是：我又为子孙找到两位太平宰相！

宋仁宗不仅爱才惜才，对于百姓，更是把"仁"发挥到了极致。嘉祐元年（1056年）夏天，因为河北等地闹洪灾，宋仁宗从内藏库中拨出绢二十万匹、银十万两来赈灾。等到第二年五月，灾情渐渐平复，宋仁宗赶紧下诏告诫：今年粮食得以丰收，百姓稍微宽裕一些，地方官务必多安抚体恤百姓，不得调整税率来扰乱百姓生活。

到了八月，宋仁宗采纳大臣韩琦的建议，赐给各州郡十万到二十万贯钱，用于做官药来发放给穷困的百姓。嘉祐五年（1060年）五月，宋朝政府在三司专门设立了"宽恤民力司"，派遣使者出巡各地，访问民间疾苦。嘉祐六年（1061年），宋仁宗任用傅永、祖无择，一同商议宽恤老百姓的事情，并且制定了具体方案。

世人都说，宋仁宗赵祯既没有文韬武略，也没有什么丰功伟绩。但有一点，我们可以肯定，他的确为宋朝的老百姓做过不少事情。

嘉祐八年（1063年）三月，五十四岁的赵祯走完了他的一生，驾崩于东京大内福宁殿。《邵氏闻见录》中记载："京师罢市巷哭，数日不绝，虽乞丐者与小儿，皆焚纸钱哭于大内之前。"百姓罢了集市在巷间痛哭几日不停，即使是乞丐和小孩，都一边焚烧纸钱，一边落泪。辽国使者说起宋仁宗皇帝，也忍不住哭泣。

嘉祐八年（1063年）八月，翰林学士王珪议定大行皇帝庙号，为"仁宗"。古往今来，"仁"是对君主最高的褒奖。《宋史·仁宗本纪》给出这样一段评赞："《传》曰：'为人君，止于仁。'帝诚无愧焉。"纵观宋仁宗赵祯的一生，他无愧于"仁宗"这一庙号，终成为历代皇帝德治的典范。

宋徽宗赵佶：诸事皆能，独不能为君

迹徽宗失国之由，非若晋惠之愚、孙皓之暴，亦非有曹、马之篡夺，特恃其私智小慧，用心一偏，疏斥正士，狎近奸谀。于是蔡京以猥薄巧佞之资，济其骄奢淫佚之志。溺信虚无，崇饰游观，困竭民力。君臣逸豫，相为诞谩，怠弃国政，日行无稽。及童贯用事，又佳兵勤远，稔祸速乱。他日国破身辱，遂与石晋重贵同科，岂得诿诸数哉？

——《宋史·徽宗本纪》

在中国古代皇帝中，有那么一个人：他出身高贵，才华横溢，最后却落得个国破家亡、受辱至死的下场；他本该做个钻研艺术、千古流芳的闲王，却因"为帝不专"成了遗臭万年的昏君。他这一生做什么都能出色，唯独皇帝做不好。他就是宋徽宗赵佶。

01

阴差阳错继位

在《宋人轶事汇编》里，有一个关于赵佶出生的故事：据说，在1082年，赵佶的父亲宋神宗，曾经到秘书省观看过南唐后主李煜的画像，并再三赞叹李煜的儒雅神态。而在他赞叹李煜不久之后，他的第十一个儿子赵佶出生了。所以，宋神宗十分骄傲地说，自己的小儿子肯定颜值和才华兼具，比李煜高出不止百倍。

这个记载是否真实，已经无从考证。不过天下的父母都和宋神宗一样吧，在孩子出生的时候，就希望他长相好看、聪明有才！

早在赵佶之前，宋神宗已经物色好了皇位的继承人——赵佶的哥哥赵煦，即后来的宋哲宗。

为了避免兄弟争位的事情发生，他希望小儿子一辈子都做个富贵无忧、风流无双的逍遥闲王。在父亲的刻意教导下，赵佶学的不是什么平定天下、治理国家的手段，而是作诗写词、舞文弄墨的本领。所以，他从小就钟爱笔墨、丹青，喜欢骑马、蹴鞠，对奇花异石、珍禽异兽更是着迷。

而且，他的性格与严肃刻板的皇室风格相反，他活泼到甚至有些轻佻。当然，这些对于备受宠爱的皇家小王子来说，并不是什么缺点。因为，大家对他的期待本来就不是挑大梁的皇帝。如果不出意外，赵佶将按着父母给他规划好的路线，就这么逍遥快活地度过一生，顺便做个名留青史的大艺术家。

但意外总是来得那么让人猝不及防，1100年，年仅二十五岁的宋哲宗因病去世了。宋哲宗去世前没有儿子，也没有确立继承人，从而引起了大宋朝内部的皇位争夺。

而在朝堂各方势力的争夺中，赵佶阴差阳错地成了平衡各方势力的最佳人选。就这样，最不适合当皇帝的赵佶，被推上了帝位，成为北宋的第八个皇帝宋徽宗。

02

艺术家皇帝的苦恼

初登帝位时，赵佶才十八岁，正是年少轻狂的年纪。所以，他虽然在诸多党派拉锯中侥幸继位，但他依旧想向世人证明，他赵佶不仅擅长丹青书法，也可以做个千古明君。所以，他在登基的第二年，就改年号为"建中靖国"，表示他要做个不偏不倚、中和立政的好皇帝。

原来，早在赵佶他爸和他哥统治的时代里，北宋政坛上就因为改革问题，形成了两大党派。其中一个是以王安石为首的新党，他们主张改革变法；而另一个则是以司马光为代表的旧党，他们坚持保守祖制。

按咱们现在的话来说，即使政见不同，观念不一，我们彼此也会尊重对方的发言权。但北宋的这新旧两党却争急眼了，他们不管是哪个党派，一旦上位，就要狠狠打压另一派官员。而两党之间的互相倾轧，不仅扰乱了北宋的政坛，还闹得全国人民都人心惶惶。

所以，赵佶上位后的第一件事情，就是做个和事佬，准备联合新旧两党，一起结束这场延续了几十年的党争。

赵佶本以为，当他这个最高领导人表态之后，新旧两党就能握手言和、停止争端。但理想很丰满，现实很骨感，新旧党争不仅没有停止，反而愈演愈烈。无奈之下，赵佶只能把年号又改成了"崇宁"，重新走上了先帝的老路，选择了更加偏向他的新党派，狠狠打压旧党。

但此时，新党已经没有王安石这样真正为民着想的大臣，有的是蔡京这样的奸猾之人。所以，本想大展身手的赵佶不但没有成功，反而在得罪了大批旧党大臣之后，又给自己招来了许多小人奸臣。

03

文艺救国和靖康之耻

正如《出师表》里所说的："亲小人，远贤臣，此后汉所以倾颓也。"东汉之所以灭亡，都是因为当家的君王亲近小人而疏远贤臣。被奸臣包围的赵佶，不仅不再采用逆耳的治国忠言，还听信小人们的吹捧，选择用他业余的治国手段来治理北宋。

比如，他就曾因为自己十分擅长且热爱绘画，所以创立了相当于现在中央美院的宣和画院。他亲自编写教学大纲，提供教学所用的藏书和绘画；培养了《清明上河图》的作者张择端以及画出了《千里江山图》的王希孟这样的画家。甚至，他还把画画正式纳入了科举考试之中，是史上第一个把艺术特长作为科举加分项的皇帝。

除了推行艺术，赵佶还大力扶植道教，在全国大量兴建道观，自称为"教主道君皇帝"。为了提升道家的社会地位，他还亲自召见道士，为修道的人提供"国家公务员"的岗位。

但是，当时内忧外患的北宋需要的是力量防卫和彻底改革。所以，他的这场不合时宜的"文艺救国"，不但没有奏效，反而还成了奸臣们搜刮民财、铲除异己的幌子。

蔡京是狡诈的官场老手，善于把握宋徽宗的心理，他提出了所谓"丰亨豫"的大口号，强调享受，深得宋徽宗欢心。当时北宋定都于开封，此处地势平坦而缺少山川，只有黄河日复一日地流过。天下风景数江南，可宋徽宗又不能贸然南巡，蔡京想出了个招数：把江南的风景搬到开封来。

于是蔡京决定建一座巨型人工假山，为此，他动员大批船只从江南拉来花石。先用太湖奇石垒成山岳，其上安置琪花瑶草。

某家有奇花，某家有异草，蔡京派人都想法弄来，有时不惜拆房毁屋，一时间，江南民不聊生。

很快，蔡京取得了皇帝的信任。他和他的五位盟友唯宋徽宗马首是瞻，竭力搜刮百姓，以供皇帝享受，同时排斥朝中正直贤良的大臣，时人称为"六贼"。在六贼塑造的"虚假繁荣"下，宋徽宗内心好大喜功的一面也被激发出来了，他决定实现祖辈的雄心壮志：开疆拓土。

此时，北方的老对手辽国衰落，面临已然崛起的女真族的威胁，宋徽宗自认为机遇难得，便与东北的金国建立海上之盟，约定夹攻辽国。当大金的拐子马在燕山以东肆意屠杀辽国的数十万重兵时，宋徽宗也亦步亦趋地北上攻辽。

谁知，辽军虽弱，宋军依然不是对手。无奈，宋军只好求助金人。很快，辽国被金兵的铁蹄踏得粉碎。金人见宋军软弱，又开始攻打宋朝。

1126年，靖康元年，赵佶迎来了他人生的第二个转折点。金兵大举南下攻宋。宋朝历来守内虚外，沿途要塞形同虚设，金军很快打到开封，兵临城下，宋徽宗自知无法退兵，只好传位给儿子赵桓，即宋钦宗。

无奈他传位太迟，在他退位的第二年，金兵就攻占了开封，大肆烧杀抢掠一番之后，还抓走了他和他儿子宋钦宗。这场导致了北宋灭亡的战争，史称"靖康之变"。

纵观宋徽宗赵佶的一生，他本来可以凭借艺术才华独步天下，安享太平，却因生在帝王家成了亡国之君；他本来想要结束党争，却无奈让自己沦为被奸臣欺骗的昏君；他本想一展身手、文艺救国，却因不切实际，使得他的勤政变成了毁政，一步步把北宋推向了毁灭的深渊。

《宋史》上说宋徽宗："诸事皆能，独不能为君耳！"他什么都能做好，唯独做不好皇帝。而他最终也为自己不专业的理政方法，付出了惨痛的代价。

明神宗朱翊钧：从小就是玩弄权术的高手

神宗冲龄践阼，江陵秉政，综核名实，国势几于富强。继乃因循牵制，晏处深宫，纲纪废弛，君臣否隔。于是小人好权趋利者驰骛追逐，与名节之士为仇雠，门户纷然角立。驯至悯、愍，邪党滋蔓。在廷正类无深识远虑以折其机牙，而不胜忿激，交相攻讦。以致人主蓄疑，贤奸杂用，溃败决裂，不可振救。故论者谓明之亡，实亡于神宗，岂不谅欤。

——《明史·神宗、光宗本纪》

在明朝历史上，有一位皇帝，二十多年不上朝，却创下了明朝皇帝在位四十八年的最高纪录。有人说他懒，有人说他贪，更有人说他揭开了明朝衰亡的序幕。然而，正是他凭借高超的权谋之术，才使得祖宗基业多挺了二十几年。他就是明神宗——万历皇帝。

01

少年天子

神宗登基前十年，被称为"万历中兴"，明朝上下一派欣欣向荣的景象。这一切，多亏了首辅张居正和大太监冯保。神宗十岁登基，冯、张二人一内一外，把他当成自己的学生一般扶持教导，帮助他走过了意气风发的头十年。但是，神宗对他们的感情却十分微妙。

一方面，是依赖仰仗。神宗每见张居正，必会称呼"元辅张先生"。张居正丧父，打算离职守丧时，神宗竟然下旨"夺情"，不准首辅撂挑子；冯保身在内宫，神宗亲切地称作"大伴"。不仅饮食起居尽皆托付，还跟着素有文艺范儿的冯保，学了不少知识。

神宗知道自己羽翼未丰，此时靠着张、冯二人，当皇帝就能轻松许多。于是，他姿态做足，不仅自己对二人恭敬听从，还严惩说他们坏话的大臣。

另一方面，神宗又恨张、冯二人对他管束太严，经常让他这个天子觉得憋屈。神宗十八岁时，有一次醉酒后无礼地责罚了一个太监。冯保将此事上报太后，神宗差点被废黜。他在皇宫里跪了六个小时，还当众念了张居正起草的那份"罪己诏"，这才保住了皇位。

十八岁，正是好面子、爱逞强的年纪，可神宗贵为天子，竟然会因为一个官人遭此羞辱和劫难。神宗对张、冯二人心生不满，没有一个皇帝希望自己的言行被他人左右，更不愿御座下的权臣功高震主。因此，等张居正死后，神宗很快发起了清算。他顺带贬谪了冯保，还抄了二人的家。

神宗之所以对两位恩师这般狠戾，是为了榨取二人最后一点剩余价值。之前，是靠他们立业；现在，是靠他们立威。经此一事，神宗的皇权高度集中。在位的后几十年，再没有出过张居正、冯保这样的权臣。

02

帝王权术

神宗对张、冯二人的利用，正符合他老祖宗朱元璋的执政思路。从前的丞相，当真是"一人之下万人之上"，相权常常威胁皇权。于是，朱元璋废掉丞相，将相权一分为六。等到朱棣设立内阁制时，代表明朝臣子巅峰的首辅，权力早已被大大稀释。仅剩对皇帝执政的建议权，不再拥有决策权。

可是凡事并不绝对，类似张居正这样的牛人，通过个人魅力就能影响他人，同样能达到施政目的。神宗被这样拿捏过，绝不允许同样的事再次发生。所以，他沿袭朱元璋的思路，鼓励朝堂之上内耗。只有大臣们纷纷结党，互相攻讦，才不会抱成团对抗皇权。

按照这样的想法，神宗在亲政后的用人方针，始终都很注意挑起各方势力的矛盾。他从不让任何一派坐大，也总能巧妙地利用各种事件，找好"背锅侠"，把众人抨击的火力，从自己身上转移出去。著名的"国本之争"，就被神宗拿来大做文章。

设立储君时，臣子们要按祖制立长，他偏要按自己喜好立幼。其实，长幼之争不是重点。关键在于，臣子们放下成见，开始一致要求立长了。这就有了大臣胁迫皇上的意味，这是他不能容忍的，必须要整饬一番。

就这样，神宗借着"国本之争"，跟大臣们斗了十几年。在他的刻意安排下，数位分属不同派别的重臣，都被他折腾得身败名裂。神宗用人随意混乱，让群臣摸不着头脑，不知道皇上到底中意哪一派。

《明史》对神宗的这一手也有记载，说是："人主蓄疑，贤奸杂用。"实际上，神宗当然是哪派都不喜欢。他这是在用模棱两可的态度，哄着朝臣们一边努力工作争取话语权，一边又倾轧政治对手变相维持着朝纲。因此，无论哪派，都没能一家独大。

03

守护祖宗基业

神宗之所以处心积虑地对付自己的员工，也是实属无奈。因为，明朝文官的风骨和韧性，在整个中国历史上都赫赫有名。可以说，他们最重视的是士大夫"青史留名"。至于皇帝的感受，他们不太关心。

他们的想法就是：我要当个流芳千古的名臣，所以皇帝你必须得是个明君，不然就是给我拖后腿。于是，臣子们就对皇帝指手画脚，吹毛求疵。身为天子，还不如百姓活得自在，这让皇帝如何能忍？

所以，神宗很不喜欢手下的大臣，敞开了让他们斗，让他们耗。为此，他不惜懒政近三十年，许多官位空缺了都不增补。毕竟，官员越多，跳出来对他横加指责的人就越多。反正你们想要"名留青史"，就会自行克服困难。

于是，神宗长期不上朝，六部也长期缺少人手，国家照样运转如常。正因为大臣们意见太多，神宗只好在背地里安排太监做事。太监们没那么多博名的想法，更关注自身利益，因此，比大臣们更容易控制。

神宗起用了不少太监，经营起了隐形朝政。主要的工作只有一项——敛财，以补充皇帝自己的小金库。众多担任"矿监税使"的宦官被神宗派往全国各地。他们做事没有底线，却"效率"奇高。许多富户和商人都被强征了钱财，神宗和督办的太监们因此富得流油。神宗此举被众多人贬损，视为破坏国家秩序的罪行。

万历三大征（神宗皇帝先后在明朝西北、西南边疆和朝鲜展开的三次大规模军事行动，分别为李如松平定宁夏总兵哱拜叛变的宁夏之役，李如松、麻贵抗击日本丰臣秀吉政权入侵的朝鲜之役，以及李化龙平定播州杨应龙叛变的播州之役）、民间数次大灾、日渐吃紧的辽东战事，哪个都耗资巨大。但是朱元璋当初定下的税收比例太低，根本补充不了亏空。万历二十七年（1599年），边饷告急。户部只好请示皇上，神宗虽然骂骂咧咧，但还是拿出了私房钱，这才解了燃眉之急。

他的孙子天启皇帝登基后，老臣叶向高在奏章中不无感慨地表示："幸亏神宗当初极力敛财，不然大明早就没了。"神宗绕开了大臣，自行安排太监去征税，搜刮无度，没想到边关救急派上了用场，这也算歪打正着。

明神宗的帝王权术玩得炉火纯青：用什么人、怎么用、用多久，他都有着明确的目标和计划。所以，即便他常年不上朝，外戚、宦官也很安分，朝堂党争更没失控，就连边关战事，明军也一直有着抵抗之力。这说明，神宗表面上看是懒政，可实际上一切尽在他的掌握。

可惜，神宗没生在一个好的时代，接手的江山就是个烂摊子。先帝也明白这点，因此，遗诏的核心要求不是"开疆拓土"，而仅仅是"保守帝业"。站在皇帝的角度来看，自然先要皇朝绵延，才有治下百姓安乐。毕竟，任何一个皇帝都不想让祖宗基业坏在自己手里，担上千古骂名。

　　明神宗能够在位这么久，始终维持着社稷不倒，已殊为不易。但是在时代的大变革中，前朝积弊终让他无力回天，以至于背上了"明之亡，实亡于神宗"的历史责任。

第二章

痴情君主

汉宣帝刘询：为挚爱隐忍复仇

时许广汉有女平君，年十四五，当为内者令欧侯氏子妇。临当入，欧侯氏子死。其母将行卜相，言当大贵，母独喜。贺闻许啬夫有女，乃置酒请之，酒酣，为言："曾孙体近，下人，乃关内侯，可妻也。"广汉许诺。明日，妪闻之，怒。广汉重令为介，遂与曾孙，一岁生元帝。数月，曾孙立为帝，平君为婕妤。是时，霍将军有小女，与皇太后有亲。公卿议更立皇后，皆心仪霍将军女，亦未有言。上乃诏求微时故剑，大臣知指，白立许婕妤为皇后。

——《汉书·孝宣许皇后传》

自古以来，帝王的婚姻几乎很难含有爱情的成分。虽然他们可以坐拥三宫六院，但是中宫皇后只能有一位，而这个人也不是他们自己所能决定的。特别是上有强势的太后，下有强势的臣子时，如若皇帝想要为自己心中 "不合时宜的爱情"正名，往往会以悲剧收尾。

然而有一位帝王，他登基之初刚满十八岁，羽翼未丰，却为了自己心爱的人能取得应有的尊荣，敢于挑战随时能将他废黜的权臣。这位帝王，就是汉宣帝——刘询。

01

念念不忘

西汉元平元年（前74年），流落在民间的皇曾孙刘病已改名为刘询，在霍光的拥立下，登基为帝。

按照祖制，皇帝已经到了适婚的年龄，应当册立皇后。虽然刘询在民间的时候，已经和一位叫许平君的女子成婚，并育有一子，然而她的父亲身份卑微，是一位小吏，并因罪被处过宫刑。因此没有人认为许平君能够成为皇后。

碰巧当时的辅政大臣、大将军霍光的小女儿霍成君也到了适婚的年龄，霍光有心让她入宫嫁给皇上，将来成为皇后。大臣们认为皇帝肯定不敢"忤逆"霍光的意思，皇后的宝座非霍成君莫属，于是纷纷上表。

汉宣帝却不这样认为，在他的心中，皇后只有一个人，那就是他深爱着的许平君。但他认为此刻不能和霍光起正面的冲突，毕竟霍光刚刚废掉了一位皇帝——昌邑王刘贺。要保证自己的帝位，就得找到一个合适的时机，让大臣们帮他把话说出来。

过了一段时间后，他在大殿上，突然宣布一道诏令，要求大臣们帮他寻找他流落民间时遗失的一把旧剑。大臣们立马明白了皇帝心思，原来汉宣帝的心中，皇后的人选是许平君，汉宣帝根本不怕得罪刚刚拥立他的权臣霍光。

于是，大臣们纷纷改口，请求立许平君为后。当年十一月，许平君被立为大汉的皇后，史称许皇后。

02
奇妙的缘分

提到刘询，首先映入人们脑海的有两个词，一个是命途多舛，另一个是痴情帝王。对他而言，这两个词是密不可分的。多舛的命运，让他明白了真情的可贵并养成了敢爱敢恨的性格。而对爱人的痴情，也让他成为帝王之后忍受了极度的相思之苦。

故事还要从多年前说起。刘询，原本就生在皇家，是汉武帝刘彻的曾孙，既嫡且长。如果没有发生变故，那么他必将按部就班地继承大统。

然而，汉武帝征和二年（前91年），爆发了历史上著名的巫蛊之乱。太子刘据被诬陷谋反，最后不得已自杀身亡。他的家人均被处死，只有尚在襁褓中的刘询逃过一劫。就在最后的时刻，汉武帝幡然醒悟，下令停止对刘询的追杀。

不久之后，汉武帝便撒手人寰。然而，他并没有颁下诏令豁免刘据的罪责，只是下诏将刘询寄养在掖庭，承认他皇室成员的身份。

刘询的身份极其尴尬，虽有皇室血脉，但几乎所有人都避之不及，怕未来的某一天因清算旧账自己被牵连其中。此时掖庭令张贺曾是刘据的家吏，因怀念刘据的旧恩，同情刘询，就对刘询体贴入微，自己出钱供刘询读书。

看着刘询日渐长大，出落得一表人才，张贺很想将自己的孙女许配给刘询，并经常在自己的弟弟同时也是霍光的亲信张安世面前赞赏刘询。张安世却愤怒地说："曾孙乃卫太子后也，幸得以庶人衣食县官足矣，勿复言予女事！"意思是皇曾孙是卫太子刘据的后代，能够像现在一样吃着饭就不错了，不要再谈把你孙女嫁给他的事情。张安世言外之意，就是现在的皇帝是刘弗陵（汉昭帝），你这样称赞刘询是想要谋反吗？不要再继续说下去了。

张贺一听，内心十分害怕，就放弃了把孙女嫁给刘询的打算。有时候，缘分就是奇妙，如果张贺没有放弃，或许刘询和许平君将无缘再见。更奇妙的是，许平君原本也有婚约在身，就在她准备出嫁前一天，未婚夫身亡。她的母亲为她占卜，说她将会大富大贵。

许平君的父亲和张贺是好友，张贺听闻这个消息，便拿出家财为刘询提亲并操办婚礼，娶许平君为妻。婚后许平君一家倾尽全力支持刘询求学，不久，他们生了一个孩子，或许那个时候，漂泊无依的刘询，第一次感受到了家的温暖。而这些感受，成了他深爱许平君的基石。

03

出人意料的两件事

我们在影视剧或者各种演义中看到的刘询形象，都是在霍光面前唯唯诺诺，生怕因哪一点做得不好而得罪霍光。其实，真实的刘询并不是这样的。

刘询少年时就有着放荡不羁的性格，虽然勤于学业，但也沉溺于斗鸡赌博，满身的江湖气。登基之初，在册立皇后这件事情上，他明知道自己不可能乾纲独断，但性格使然，他还是利用手中的权力摆了霍光一道。只因为他不愿意让自己心爱的妻子许平君受半点委屈。

还好霍光以忠厚闻名，没有与他僵持。但是，这却在霍光夫人霍显心中埋下了仇恨的种子。刘询还干了很多出人意料的事情。第一件事是反对自己曾祖父汉武帝和霍光都推崇的学说。

我们都知道，汉武帝在世的时候"罢黜百家，独尊儒术"，他当时用的大儒董仲舒是《春秋》公羊派的学者，而霍光也对公羊派的学说情有独钟。这个学派强调大一统，总结起来，有八个字的核心要领：君亲无将，将而必诛。这里的"君亲"指的是国君和父亲。

也就是说，无论对父亲也好，对国君也好，动一点点反叛的念头都是该杀的！当时的太子刘据，就是死在了这个要领之下。

刘询知道自己的祖父刘据，倾向公羊派的死敌穀梁派，他们有一个相反的八字要领：缓追逸贼，亲亲之道。大意是说如果你的亲人犯罪了，你去追捕他，就应该慢慢追赶，故意放走他，这才算尽了礼法。于是，刘询上位之后，就开始起用被打压了多年的穀梁派学者。

第二件事是后来霍光的女儿当上皇后，他依旧为了表示自己对许平君的重视，立许平君的儿子刘奭为太子。也正是这个举动，引发了后来霍氏的谋反。刘询的真性情让他能够抛开利弊来坚持自己情感上的抉择，做出一些出人意料的举动。但他对人性的察觉，让他能够把握住尺度，不致引火烧身。

04
为爱的人复仇

他虽然看穿了霍光的内心——大权在握，但城府不深；忠厚有余，而才智不足；虽然自己洁身自好，但驭下不严，持家不严。因此刘询知道，只要他能给霍光足够的尊重，霍光对他而言不是一个威胁。而且当时霍光已垂垂老矣，一旦撒手人寰，那么他的手下就不足为患。

但是，刘询却忽略了霍光身边人的歹毒。霍光的夫人霍显从许平君当上皇后之时，就对她怀恨在心。

前71年，许平君再度怀孕，但这个时候，她感觉身体不适。霍显就利用这个机会，买通许平君身边的女医，改变药剂成分令许平君气促惨死。

事后，霍显十分害怕，就将详情告诉霍光。霍光大惊失色，想要上书去检举自己的妻子，后来不忍心，就上书奏明汉宣帝刘询，签署对女医免予问罪之令。这或许是霍光这辈子做过的最令他惶恐不安的事情。

传言许平君死前，刘询来到了她的床前。许平君说："大家都觉得您是一位仁慈的皇帝，但是没有人真正了解您心中的雄才大略。没有我陪在您身边，您一定会很孤单吧……"

刘询哽咽了，说想随她而去。平君笑了笑，说："难道我还不了解您吗？您的心中除了有我，还有天下。不过这样也好，从今往后，您再也不会因为我而分心了。"

刘询泪如雨下，说道："那你，在南园等着我啊！"南园也就是杜陵，汉宣帝刘询的陵墓。刘询明白几十年以后，他一定会在那里和自己心爱的皇后在一起。然而这时候的他还有更重要的事情要做，那就是查出妻子死亡的真相，为她复仇。但此刻，他不能轻举妄动，他必须等待时机。

从那一天开始，汉宣帝像换了一个人，身上的那股执拗劲仿佛全都不见了，对霍光一族更加厚爱，不仅册立霍成君为皇后，还对霍家子孙大加封赏，霍光惶恐的心这才算安定下来。

三年之后，霍光去世。汉宣帝表面上让霍光的子孙继承他的爵位，其实已经慢慢地把权力掌握到自己的手中。霍氏一族察觉到了危机，特别是霍显，她知道自己过去杀害许平君的事情已经传到了宣帝耳中，因此与自己的子侄商议要与汉宣帝鱼死网破。

在这场争斗中，霍家几乎被灭族，霍成君也被打入冷宫。但宣帝依然保持他爱憎分明的特点，他知道这一切与霍光无关，同时他也感激霍光曾经对他的拥戴和照顾。因此没有怨恨霍光半分，霍光也享受着之后汉朝历代皇帝的祭祀。但谋反是十恶之首，因此有汉一朝，不再称呼霍光全名，只尊称为"大司马大将军博陆侯，姓霍氏"。

一切都烟消云散了，妻子的仇报了，他拥有了至高无上的权力。唯一的遗憾，就是自己心爱的妻子早已不在他的身旁，他的痴情也随着许平君的离去而陷入死寂。

光武帝刘秀：皇后的位置属于阴丽华

光烈阴皇后讳丽华，南阳新野人。初，光武适新野，闻后美，心悦之。后至长安，见执金吾车骑甚盛，因叹曰："仕宦当作执金吾，娶妻当得阴丽华。"更始元年六月，遂纳后于宛当成里，时年十九。及光武为司隶校尉，方西之洛阳，令后归新野。及邓奉起兵，后兄识为之将，后随家属徙淯阳，止于奉舍。

光武即位，令侍中傅俊迎后，与胡阳、宁平主诸宫人俱到洛阳，以后为贵人。帝以后雅性宽仁，欲崇以尊位，后固辞，以郭氏有子，终不肯当，故遂立郭皇后。

——《后汉书·光烈阴皇后纪》

自古帝王多薄情，宫锁佳人何处去。人们印象中的深宫内苑，不是牵扯无数利益纠葛，便是涉及太多阴谋算计。多少女子匿于墙内，为赢帝王宠幸，遗忘了初心，背叛了自己。多少帝王起于累土，却在登顶之后，遗忘了糟糠，背叛了感情。

《诗经·小雅》中说："将恐将惧，惟予与汝。将安将乐，汝转弃予。"都说皇家无真情，后宫中没有爱情可言。可事事总有例外，光武帝刘秀和阴皇后的婚姻却是和谐美满的。他们相识于草莽，相爱于乱世，相守于深宫，彼此珍惜，一世无悔。他们明白相爱不易，相守更难，所以任凭岁月流逝，心中也只有彼此。

01
迎娶阴丽华为妻

两人初识是在新野，一个初出茅庐，一个楚楚动人。一个是管仲之后，家世显赫；一个是潦倒贵族，雄姿英发。对于阴丽华的美貌与品性，刘秀早有耳闻，可因为地位悬殊，他却一直无缘得见。一次偶然机会，刘秀远远见到了阴丽华。只是一眼，阴丽华便印在了他的心间。

后来，刘秀去长安求学，见到执金吾车骑威武，霸气非凡，暗暗发誓道："仕宦当作执金吾，娶妻当得阴丽华。"可彼时的刘秀不过是个小人物，与阴丽华终归门不当、户不对，这份执念也就被他藏了起来。

然而，时势造英雄，恰逢王莽篡权，天下大乱。刘秀一番谋划后，决定揭竿而起，与一众豪杰"反莽复汉"。那一刻起，刘秀不再只想着种田谋生，庸碌度日，而是决心闯出一番事业。

人一旦有了目标，生活也会变得充满希望。战场上的刘秀，一改往日柔弱的性格，变得英勇无比，每战必冲锋在前，斩将夺旗。他把生死置之度外，只想早一点功成名就，早一点赢得美人青睐。

昆阳一战，刘秀领十三名亲兵出城求援，寻得援兵，又借天时之利，以一当万，终消灭王莽新军四十二万人马，一战功成。从此，刘秀之名，天下皆知。

然而那一战，也为刘秀兄弟埋下了祸根。功高盖主，刘秀大哥被更始帝刘玄杀害，这让刘秀十分痛苦。可他既不能表现出委屈，亦不能露出不满，只能委曲求全，伪装平静，以此保全自己。

与此同时，刘秀决定完成自己的夙愿，迎娶阴丽华为妻。这一年，阴丽华十九岁，刘秀二十九岁。刘秀心心念念的佳人，终于成了自己的妻子，可他也因此背上无德无礼，兄长丧期行嫁娶之事的骂名。即便如此，刘秀也不曾后悔。而阴丽华的良善仁德与善解人意，更让他觉得，娶妻如此，夫复何求。

然而，更始帝不会让他如此安稳。结婚三个月后，刘秀被朝廷派往河北，当时河北形势复杂，刘秀不愿阴丽华与自己一同冒险，便要阴丽华回娘家暂住。若是寻常女子，定不愿在你侬我侬时与爱人分别。可是阴丽华却明白"两情若是久长时，又岂在朝朝暮暮"，她知道，刘秀如今的决定，是为了两个人有更好的未来。

其实，距离才是检验感情最好的方法，彼此分得开，才更能合得来。有的人，身在咫尺，心却在天涯；有的人，身虽在天涯，心却在一起。放心爱人的远去，既是相信他，也是相信自己。好的感情，不会因为距离而疏远，也不会因为时间而褪色。

02
阴丽华坚辞后位

刘秀走了，而且一走就是三年。阴丽华在家乡苦苦等他，因为连年征战，她没有收到有关刘秀的任何消息，她甚至怀疑刘秀早已战死沙场。可她依旧愿意等，因为她相信刘秀不会骗她。

刘秀没有死，他信守承诺，派人来接阴丽华。此时的刘秀，已不是当年那个想当执金吾的年轻学子，而是名副其实的真命天子。

然而，阴丽华猜中了开头，却没有猜中结尾。如今刘秀的身旁，早已多出一位陪伴他多年的红颜。那一刻，阴丽华心痛至极，自己这么多年的等待，换来的却是背叛与伤害。

刘秀明白阴丽华的委屈，于是将这些年在河北的经历和盘托出。原来刘秀初入河北，势单力薄，而对手刘杨手下有十万精兵。面对刘秀，刘杨给出了两个选择，或战，或联姻。刘秀迫于当时压力和对未来局势的考虑，选择联姻，迎娶刘杨的外甥女郭圣通为妻，来换得刘、郭两姓的支持。

人在海里，必须游泳。成大事者必须先顾利益，后思感情。如今，刘秀想要补偿阴丽华，决定封她为后，并称其"雅性宽仁，有母仪之美"。

若是旁人，听到如此消息，必定欣喜若狂。可阴丽华却坚决辞让，始终不肯入主中宫。她说："困厄之情不可忘，而况郭贵人已经生子。"阴丽华深知如今朝廷初立，少不得依仗郭家，她不愿为了一个皇后的名分，将刘秀逼至两难之境。她的大度与宽容，让刘秀更加愧疚。他深知阴丽华的委屈与牺牲，他决定用一生来弥补。

林语堂在《风声鹤唳》中曾写道："不争，乃大争。不争，则天下人与之不争。"阴丽华没有被眼前的浮华所迷失，她选择了不争，忍下了自己的委屈，最终赢得了刘秀的心。

03
身份变迁，不忘初心

在之后的十六年里，阴丽华对刘秀没有丝毫怨怼，对郭圣通也没有丝毫不满。这一切刘秀都看在眼里，记在心中。其实，立阴丽华为后，除了她性柔顺，多矜慈，是自己挚爱外，还因为刘秀相信阴家人的人品。

之前，刘秀因战功封赏阴识时，他曾谢绝："天下初定，将帅有功者多，臣托属外戚，不可示天下以不公。"后来，刘秀想封阴丽华的另一个兄弟阴兴为列侯，阴兴依旧辞让："臣未有先登临陷之功，而一家数人并蒙爵赏，转令天下失望，诚所不愿。"相比之下，郭氏一族以功自居，而郭圣通更是嫉恨阴丽华及其子。若不采取措施，恐复吕后之祸。

建武十七年（41年），刘秀下旨以郭圣通"行事有吕霍之风，不可以托以幼孤，恭承大位"为由，废去后位，同时立阴丽华为皇后。这一刻，刘秀终于弥补了对阴丽华数十载的愧疚，为她正名。当上皇后的阴丽华，并没有改变自己的性格脾气，依旧雅性宽仁，简朴慈和。司马光在《资治通鉴》中说："近世光烈皇后虽友爱天至，而抑损阴氏，不假以权势。"阴丽华一直限制自己的外戚，不让其过多干预朝政，同时将后宫打理得井井有条，帮刘秀真正解决了后顾之忧。无论面对怎样的生活，阴丽华都秉持着一颗平常心，不因位卑而抱怨，也不因权重而张扬。她说出的每一句话，都遵信到底，从不违背。

真正的善良，是没有算计，让人温暖平和；真正的慈悲，是没有计较，却会撼动人心。要想得到别人的珍惜，就要做一个善良、有平常心的人，不改本心，不变本意。这样，彼此感情才会地久天长。

永平七年（64年），阴丽华寿终正寝。死后，他与刘秀合葬皇陵，谥号"光烈"。纵观两个人的感情，皆从刘秀一见倾心

开始。初见时的心生欢喜，让两个人的感情没有经历太多挫折，
彼此间一切都是如此舒服，如此惬意。因为彼此真心，所以哪怕
现实残酷，也能共同面对；因为彼此理解，所以哪怕受尽委屈，
也能互相依偎；因为彼此信任，所以哪怕身份变迁，也能保持初
心。感情就是这样，始于你情我愿，久于真心以待。

北齐后主高纬：“无愁天子”的痴情

> 冯淑妃名小怜，大穆后从婢也。穆后爱衰，以五月五日进之，号曰“续命”。慧黠能弹琵琶，工歌舞。后主惑之，坐则同席，出则并马，愿得生死一处。
>
> ——《北史·冯淑妃传》

在中国历史上，但凡有“后主”之称的皇帝，多是昏聩之人，堪称皇帝圈的奇葩。前有蜀汉后主刘阿斗“此间乐，不思蜀”的没心没肺，后有南陈后主陈叔宝“隔江犹唱后庭花”的醉生梦死。而北齐后主高纬，与这二位后主相比也是不遑多让。如果要评选出一个“史上最奇特后主”的榜单，那北齐后主高纬是妥妥的榜首大哥。

这么说吧，高纬这个人具有历史上所有亡国之君的缺点，简直就是历代昏君缺点的集大成者。他暴虐成性，动不动便下令将人处死，甚至“剥面皮而视之”。然而，就是这样一个丧心病狂的嗜杀之人，内心却也有一份温柔与痴情。

01

喜新厌旧帝王心

史书中对于帝王降世的描写，总是充满神秘色彩，即使是亡国之君也不例外。胡皇后曾梦见自己坐在一只玉盆里，并在海上漂浮，突然之间，太阳飘进了她的裙子下面，于是便怀了高纬。

太阳者，帝王之相也，但对于高纬来说，他的一生虽然拥有了帝王之位，却无太阳之明。他从小就不务正业，做了皇帝之后更是变着花样地玩，荒诞到了极点。

他的第三任皇后穆氏，本是第一任皇后斛律氏身边的婢女，高纬爱其貌美，于是也让她做了皇后。

高纬对穆皇后非常宠爱，专门为其打造了"七宝车"，里面装满了金银珠宝，但是没过多久，就又冷落了穆皇后。

当时高纬身边有个善于察言观色的乐师，叫作曹僧奴。这曹僧奴一看穆皇后失宠，便把自己精心调教多年的两个女儿进献给了高纬。其中小女儿风情万种，深得高纬欢心，进宫没多久便被册封为昭仪。高纬还专门为她建造了一个隆基堂，雕梁画栋，金碧辉煌，大有汉武帝金屋藏娇的风范。

曹昭仪得到了高纬专宠，最为恼怒的当属穆皇后了，她担心自己的中宫地位不保，于是便想出了一招——将自己的美貌侍女冯小怜献给皇帝。这个冯小怜，真是人如其名，称得上是花见花开、人见人怜。她不仅"慧而有色，能弹琵琶，尤工歌舞"，还有一手独门绝技——按摩。穆皇后将冯小怜献给高纬，本是希望通过她重获高纬的宠爱。但事与愿违，曹昭仪固然是失宠了，可她自己也拉不回皇帝了，因为此时高纬的魂儿早被冯小怜勾走了！

高纬与冯小怜如胶似漆，不久便封其为淑妃。他见冯小怜歌舞双绝，便亲自作词作曲，谱入琵琶，与冯小怜琴瑟和鸣，艳舞狂欢，彻夜不歇。从此之后，高纬把原先对穆皇后和曹昭仪的宠爱，全都转移到了冯小怜一个人身上，两人"坐则同席，出则并马，愿得生死一处"。

后来，高纬还下令让曹昭仪把自己的"金屋"让给冯小怜居住，但冯小怜却似乎并不领情，她以"曹昭仪居住过"为由，拒绝了高纬的好意。

若是换了其他人，这就是大大的不识抬举了，高纬非把这个"不遵圣命"之人砍了不可。但冯小怜与常人不同，她是高纬最为钟爱之人，高纬自然要给她最好的。

02

小怜玉体横陈夜

对"博美人一笑"的方法，每个昏君都有着自己的独门绝技。商纣王喜欢养毒蛇，周幽王喜欢点烽火，高纬则喜欢折腾人。他为了博美人一笑，下令所有嫔妃都搬出居所，让冯小怜从中选择自己喜欢的宫殿居住。除此之外，他还"选彩女数千，为之羽从，一女之饰，动费千金"。不仅豪宅随便挑，连仪仗队也是顶级配置，高纬对冯小怜真是"下了血本"了。

我们平时形容美人，往往会使用"天生丽质"这个词，但对于冯小怜，天生丽质似乎还不足以形容她的容光。传说她的身体非常神奇。每逢夜晚，冯小怜的身体便如温玉一样深具光泽；到了夏天，更是如冰如雪，有着降暑清神之效。因此，高纬简直对她近乎痴迷，即使是与大臣们议事时，他也要把冯小怜抱在怀里。二人在朝堂上卿卿我我，全然不顾在场的大臣，这使得大臣们常常羞得满脸通红，连说话都语无伦次了。

更为荒唐的是，有一次他让冯小怜当众尽解罗衣，躺在朝堂案几之上，自己则在一旁向欣赏者收取门票。人家周幽王是一掷千金，只为买美人一笑；这高纬算盘打得倒精，他开个美人展览会，一票赚回千金。这便是历史上著名典故"玉体横陈"的出处了。

对于高纬的这一荒唐行为，唐朝大诗人李商隐曾有诗云："小怜玉体横陈夜，已报周师入晋阳。"这边，高纬还沉醉在温柔乡中，那边，北周宇文邕已经带着军队打过来了。576年，北周军队攻打北齐的军事重镇平阳（今山西临汾），战事告急的文书一日三至。

身为"无愁天子"，就要有"无愁天子"的素质，前线战事紧急又算得了什么，我高纬依旧岿然不动。于是，高纬放下了手中的军报，陪着冯小怜外出打猎去了。

后来又有紧急军情上奏高纬，高纬毕竟是一国之君，心中自然有些着急。然而此时冯小怜玩兴正酣，她对高纬说："皇上，我们再杀一围如何？"高纬对冯小怜一向是有求必应，自然是要陪她猎到尽兴。等到兴尽而归时，平阳已经落入了北周军队的手中。

但高纬心理素质极强，他没有表现出丝毫的难过，只是淡淡地说道："只要小怜无恙，战败又何妨。"在他的心里，只有冯小怜，他已然忘了自己是一个皇帝，肩上还担负着守卫国家、保护人民的重责。

03
"无愁天子"痴情汉

既然打猎归来，闲来无事，那不如就到前线走一遭吧，顺便还能领略一下边塞风光。于是，高纬带着冯小怜，指挥着几十万大军，开始了他的御驾亲征之路。

到了平阳城下，高纬立刻命令士兵向平阳城发起攻击，眼看将士们就要登城而入、收复失地了，高纬却突然传令暂停进攻。原来，冯小怜没有见过打仗，所以高纬想把冯小怜叫来和自己一起观看攻城的盛况。可冯小怜一直忙于梳妆打扮，没能及时赶来，所以高纬就下令暂停进攻，等冯小怜来了再继续攻城。

由于高纬把战场当成了剧场，最后导致北齐军惨败。高纬见败局已定，便带着冯小怜仓皇逃跑，这一逃，山河巨变！北周大军长驱直入，很快便攻破了北齐的首都邺城（今河北临漳），高纬与冯小怜这一对亡命鸳鸯也在逃跑的路上双双被擒。

国破家亡，奇耻大辱。不过，亡国的高纬似乎并不难过，他唯一在意的并不是天下，而是冯小怜。于是，他祈求北周皇帝宇文邕允许冯小怜留在自己身边。宇文邕听后，不屑一顾地说道："朕视天下如脱屣，一老妪岂与公惜也！"说罢，把冯小怜赐还高纬。

试想，一个没有了江山的皇帝，又怎能拥有属于自己的美人呢？没过多久，高纬就被宇文邕杀掉了，冯小怜也成了北周权贵们手中的玩物。

"虽蒙今日宠，犹忆昔时怜。欲知心断绝，应看膝上弦。"这首诗是冯小怜在高纬死后所作，从字里行间，可以看出她对高纬往日的痴情念念不忘。既然一切已成过去，那我便随君而去吧！在高纬死后的第三年，冯小怜便郁郁而终了，只留下那荒唐而又痴情的故事，任后世评说。

无论是为君，还是为友，甚至为夫，高纬都远不及格。但即使他是一个一无是处的昏君，可他对冯小怜的痴爱，依旧感动了后世的不少文人。清代学者蒋文运就曾饱含深情地说道："高纬宁亡国，终不肯拂逆小怜之意，正所谓生死好友如此。"

"一笑相倾国便亡，何劳荆棘始堪伤。"高纬这一生，有愧
于天地祖宗，有愧于家国百姓，唯独无愧于冯小怜。

隋文帝杨坚：只和发妻生孩子

隋文献皇后独孤氏，讳伽罗，河南洛阳人，周大司马、卫公信之女也。信见文帝有奇表，故以后妻焉。……帝与后相得，誓无异生之子。后姊为周明帝后，长女为周宣帝后；贵戚之盛，莫与为比，而后每谦卑自守。

——《北史·隋文献皇后独孤氏传》

在男尊女卑的封建社会，男人是绝对的权威，尤其是在帝王家，更是如此。白居易曾有两句诗，"后宫佳丽三千人，三千宠爱在一身"。但这"宠爱"不过是帝王对后妃的施舍，一旦他们感到了厌烦，很快便会移情别恋。

在大多数帝王眼中，后妃只有绝对服从的份儿，不过凡事也有例外，比如隋文帝杨坚和独孤皇后。别看杨坚在外面是个老谋深算、杀伐果断的雄主，一回到家就变成个惧内的男人。这在男尊女卑的古代，算得上是一个异数。

如果我们问：杨坚，你为何这么怕老婆啊？他一定会拍拍胸脯，扬扬得意地回答：世上没有怕老婆的男人，只有爱老婆的

男人！

　　由敬生爱，由爱生惧，这大概就是杨坚对独孤皇后的感情了。他与独孤皇后相伴四十五年，自己的所有儿女皆为独孤皇后所生，真正做到了"一生一世一双人"。而这一生的深情，都要从一句深沉的誓言开始说起……

01
政治联姻，遇上真爱

　　若说起杨坚与独孤伽罗的结合，那真可谓"门当户对，强强联合"。杨坚出身于关中显贵弘农杨氏，父亲杨忠是西魏大将，曾跟随宇文氏征战四方，立下赫赫战功。

　　比起杨坚，独孤伽罗的背景更为强大。她生在西魏八柱国之一的独孤家，父亲独孤信手握重权，名盖天下；母亲则出自当时首屈一指的政治门阀清河崔氏。这样显赫的家庭背景，使得年纪轻轻的独孤伽罗拥有了超出一般闺阁女子的眼界，她坚毅，刚强，且具有一种强大的气场。

　　杨坚与独孤伽罗的婚姻，无外乎是一场"利益色彩"浓重的政治联姻，但幸运的是，政治联姻中，也能找到属于自己的真爱。

　　在南北朝的乱世中，城头变换大王旗本就是寻常之事。过了不久，宇文氏便推翻了西魏，建立北周政权，而这北周的大权又都掌握在了权臣宇文护的手中。宇文护正是独孤信的政敌。自从宇文护掌握大权之后，独孤家便处于风雨飘摇的危机之中。

二雄相争，必有一伤。在这场旷日持久的斗争中，独孤信终以失败黯然收场，整个独孤家也因此遭到了重创，就连独孤伽罗也不得不依靠杨家的势力来获取平安。

独孤家倒了，但杨家还在，面对宇文护的步步紧逼，杨坚始终不曾低头。也正是因为杨家不肯依附宇文护，再加上与独孤家联姻的这层关系，导致杨坚在朝中备受打压。

此时摆在杨坚眼前的有两条路：第一，抛弃发妻，向宇文护投诚，那他杨家就能东山再起；第二，夫妻不离不弃，一同面对困难，是成是败，俱凭天意。杨坚选择了后者。他坚实的臂膀给了独孤伽罗无尽的依靠，使得惨遭家门巨变的伽罗再一次坚定了生活的信念。

此时的二人虽是一对苦命鸳鸯，但夫妻间的情谊却越发深厚，以至杨坚曾指着月亮对独孤伽罗发誓，说此生"誓无异生之子"。言外之意就是：伽罗，你放心好了，我杨坚这辈子只想和你生孩子，其他女人，我压根就瞧不上眼！

杨坚在危难之中表现出的深情，深深打动了伽罗，二人从此相约白头，永不相负。

02

不管在哪，有你就好

谁无暴风劲雨时，守得云开见月明。苦苦忍耐的杨坚夫妇，终于等来了他们苦尽甘来的一天。在权力斗争中，本就没有常胜将军。昨天，你宇文护打倒了独孤信，而今天，他宇文邕又打倒了你宇文护。

在与北周武帝宇文邕的斗争中，宇文护一败涂地，而那些曾被他迫害过的家族，也纷纷得以沉冤昭雪。鉴于之前杨家父子对宇文护的不屈服、不依附，宇文邕特地命太子娶了杨坚之女杨丽华为太子妃。杨坚也凭借外戚身份与累累战功，逐渐向北周的权力中心靠近。

后来，宇文邕在北征途中病逝，太子宇文赟即位，杨坚作为国丈兼大将军，一时之间，权倾朝野。随着杨坚地位和威望的与日俱增，宇文赟渐渐开始忌惮自己的这位岳父了。为了敲打杨坚，宇文赟相继册立了四个皇后，暗中授意她们与原配皇后杨丽华争宠。

对于宇文赟册立四后的荒唐行为，皇后杨丽华表现出强烈的不满，这下子更加激怒了宇文赟，他甚至指着杨丽华的鼻子怒喝道："有朝一日，我定要灭你杨家满门！"就在杨家的家族命运危如累卵时，独孤伽罗独自来到宫中"诣阁陈谢，叩头流血"，最后使得杨家化险为夷。

独孤伽罗为了杨家挺身而出，使得杨坚更坚定了当初的誓言。

为了表达自己的爱意，杨坚曾"作歌二首，名曰《地厚》《天高》，托言夫妻之义"。即使杨坚后来做了皇帝，他对独孤皇后的感情依旧不变。

根据中国传统的社会生活礼节，夫妻之间应该举止有节、相敬如宾，身为皇帝和皇后更应遵循礼法，为天下臣民树立一个良好典范。但杨坚可不在乎这些礼节，他不愿和独孤皇后讲什么尊卑有别。

他们夫妻依旧像从前一样同寝共食，长年如胶似漆地生活在一起，就连上朝时也不例外。

史书中曾这样描述二人上朝时的情景："上每临朝，后辄与上方辇而进，至阁乃止。使宦官伺上，政有所失，随则匡谏，多所弘益。候上退朝而同反燕寝，相顾欣然。"对于杨坚来说，独孤皇后的陪伴已然成了他生命中不可或缺的一部分了。

03

你吵你闹，还是你好

所谓爱之深，责之切。独孤皇后一直对丈夫管得很严。在杨坚做皇帝前，他身边就没有一个侍妾；等杨坚做了皇帝后，依旧不敢轻易去招惹其他女人。

独孤皇后的"严抓严打"，导致她在历史上留下了一个很不好的名声——善妒。独孤皇后不愿与任何女人分享自己的丈夫，她"功参历试，外预朝政，内擅宫闱，怀嫉妒之心，虚嫔妾之位"，使得杨坚的三宫六院都成了摆设。

不过，对于独孤皇后的严格管理，杨坚倒也乐见其成。有一次，杨坚在群臣面前炫耀说："前世天子，溺于嬖幸，嫡庶纷争，遂有废立，或至亡国；朕旁无姬侍，五子同母，可谓真兄弟也，岂有此忧邪！"

杨坚不仅没有宠幸宫内的其他女子，还多次拒绝番邦进献的美人，但即便如此深情，依旧有坚持不住的时候。《隋书》记载道："尉迟迥女孙有美色，先在宫中。上于仁寿宫见而悦之，因此得幸。"

杨坚一时没忍住，宠幸了一位后妃，当时很快乐，可后果很严重！独孤皇后知道杨坚临幸了别的女子后，二话不说就把那个女子处死了。杨坚得知消息后，不敢公然埋怨妻子，只能策马出宫，一边狂奔，一边大喊道："这皇帝，老子不干了！"但喊归喊，生气归生气，过了一段时间后，杨坚还是乖乖地去向独孤皇后道歉了。

身为一国之君，杨坚自然有权力废除"善妒"的皇后；但作为一个丈夫，他没有理由抛弃一个"爱他至深"的妻子。所以，杨坚最后选择委屈自己，包容爱妻。

　　经此一事，夫妻虽然重归于好，但在独孤皇后心里始终有着一道迈不过去的坎儿。没过多久，独孤皇后便郁郁而终了。

　　独孤皇后的离世，给了杨坚巨大的打击，他的心中充满了无限悔意。于是，他一反节俭作风，为独孤皇后修建了一座极其奢华的禅定寺，还特命高僧在宫中做了四十九天的法事，以此来为妻子祈祷冥福。他不仅亲自参与法事，而且全程无缺席，这对于一位六十多岁的老人来说，是多么地不容易。

　　独孤皇后离开不久后，失魂落魄的杨坚也一病不起。他向负责营造陵寝的官员嘱咐道："汝既曾葬皇后，今我方死，宜好安置。属此何益，但不能忘怀耳。魂其有知，当相见于地下。"最终，群臣按照杨坚的遗愿，将其与独孤皇后合葬在一起。生则同椤，死则同穴，这便是杨坚对独孤伽罗的承诺。

　　《剑桥中国隋唐史》曾说："杨坚的夫妻关系在中国历史中很可能是独一无二的。"他用自己的肩膀给了独孤皇后一个温暖的依靠，也用自己的胸怀给了独孤皇后一片任性的天地。人之钟爱，不比天地之久。或许就像杨坚这样，一句誓言，一生作答；一个承诺，一生践行！

宋英宗赵宗实：青梅竹马情谊深

英宗宣仁圣烈高皇后，亳州蒙城人。曾祖琼，祖继勋，皆有勋王室，至节度使。母曹氏，慈圣光献后姊也，故后少鞠宫中。时英宗亦在帝所，与后年同，仁宗谓慈圣，异日必以为配。既长，遂成昏濮邸。生神宗皇帝、岐王颢、嘉王頵、寿康公主。治平二年册为皇后。

——《宋史·英宗宣仁圣烈皇后传》

"十三呀，等滔滔长大了，给你当老婆好不好？"说这话的是宋仁宗，一脸戏谑；听这话的是他的养子赵宗实，一脸惊恐。赵宗实为什么这么害怕？难道是因为滔滔不是良配吗？

当然不是，滔滔恰好是赵宗实最爱的女子。况且，滔滔是皇后的养女，与他门当户对。他之所以害怕，是因为他和滔滔看似身份相当，其实大有不同。

01
青梅竹马

　　赵宗实原本是宋仁宗的侄子，因为排行十三，所以常被叫作"十三"。宋仁宗多年无子，所以过继了赵宗实作为皇子。因此，刚才那番话算是一位父亲为自己的儿子指亲。按说，赵宗实很喜欢滔滔，应该高兴才对，为什么害怕呢？原因就在于滔滔的身份。

　　滔滔是宋仁宗曹皇后妹妹的女儿，姓高，小字滔滔。如此说来，高滔滔明明是曹皇后的外甥女，怎么成了她的养女呢？这是因为宋仁宗的皇子都夭折了，所以大家认为他需要更多的女子来为他生孩子。

　　但宋仁宗以"仁爱"著称，不愿意因为广选秀女而打扰民间。因此，妃嫔们就收养家族中出色的女子，作为后宫储备。这些养女只认妃嫔们为养母，而不认宋仁宗为养父。不过高滔滔是个例外，因为宋仁宗认为她是皇后的至亲，因而不打算以后纳她为妃嫔。

　　但赵宗实一向不信任宋仁宗，并不相信宋仁宗真的会放过高滔滔。所以，赵宗实怎么敢说他想娶高滔滔？

　　在他心中，高滔滔对他情深义重，宋仁宗对他却不仁不义。几年前，大臣们担心国无储君会造成动荡，不停地催促宋仁宗收养继子，宋仁宗勉强答应。于是，宋仁宗的养母杨太后便到赵宗实父亲府中挑选子嗣。选来选去没一个满意的，只好失望而归。

谁承想，不足四岁的赵宗实爬到了杨太后的车上。杨太后吓了一跳，说："就他吧。"就这样，尚在幼龄的赵宗实被迫离开双亲，来到了皇宫，成了所谓的皇子。

但宋仁宗不甘心自己的孩子总是夭折，认为自己还有机会，所以对赵宗实极其冷淡。宫中之人见宋仁宗不待见赵宗实，便纷纷踩在他的头上。赵宗实饱受歧视、欺凌，有时连饭都吃不饱。而负责照料他的曹皇后，由于从未得宠，也不敢出面维护。

这一切，都被高滔滔看在眼里。和那些捧高踩低的人不同，高滔滔生性善良。她处处维护赵宗实，经常为他排忧解闷。可以说，高滔滔是赵宗实幽暗生活中唯一的光。赵宗实那些心酸、痛苦、隐忍，只有高滔滔能够倾听，只有高滔滔能够排解。从此，二人之间情愫暗生。

不过，后来他俩还是分开了一段时间。在高滔滔和赵宗实七八岁时，宋仁宗的二皇子出生了。宋仁宗一看自己终于有继承人了，立马把高滔滔和赵宗实都送回各自的原生家庭了。

然而，宋仁宗没想到，这个皇子也夭折了。宋仁宗又等了几年，结果不仅没等到儿子，连最爱的妃子张贵妃也去世了。于是，宋仁宗又想到了高滔滔和赵宗实。等待这二人的，将是什么命运呢？

02

伉俪情深

张贵妃死后，膝下无子的宋仁宗渐渐觉得人生无聊，不由得想起了当年收养过的高滔滔和赵宗实。他对曹皇后说："我们没有儿子，十三如今该长大成人了。曾经我说要把滔滔嫁给他，现在我就主婚，成全了他们吧。"

"天子娶儿媳，皇后嫁女儿"——一场盛大的婚礼之后，高滔滔终于嫁给了青梅竹马的爱人赵宗实。不久，赵宗实升任岳州团练使，高滔滔给他起了个绰号——十三团练，赵宗实欣然笑纳。二人在赵宗实府中度过了十几年的安静生活，生下四儿四女，一家人其乐融融。

赵宗实和高滔滔不仅情意相通，性格也颇为相似。高滔滔善良朴实，赵宗实宽容厚道。赵宗实的父亲临终前，把贵重的配饰、玩物分给了每个儿子，而赵宗实把分到的东西全部送给了曾伺候过父亲的用人。宗室子弟有人借他的金腰带用，还的时候却拿来了铜腰带。管事的人怒气冲冲地向他告状，他却说："这就是我的腰带啊，收着吧。"因此，赵宗实虽然远离皇权，但在朝廷内外却素有贤名。

宋仁宗晚年时，在大臣的建议下，赵宗实回宫。然而，赵宗实与高滔滔相亲相爱，快乐逍遥，对皇权并不感兴趣。加上当年的心理阴影尚在，所以死活不愿接受皇太子位，一遍又一遍找理由推辞。足足拒绝了十来遍，赵宗实才勉强答应做皇太子，并被赐名赵曙。

宋仁宗病逝后，赵曙登基，成为宋英宗。同时，高滔滔被封为皇后，曹皇后升级为太后。不过，令宫廷内外感到困惑的是，宋英宗身边始终只有高皇后一人。一开始，大家以为这是因为宋英宗身体有病，只能静养。可他病好以后，还是照旧。

这让曹太后看不下去了，于是，她派了心腹之人，悄悄对高皇后说："皇上登基不是一天两天了，如今身体也大好了，怎么能一个妃嫔也没有呢？"高皇后一听就生气了，冷着脸对那人说："你去跟太后娘娘说，我嫁的是十三团练，可不是什么皇帝。"从此以后，宋英宗"十三团练"这个绰号就传遍了宫廷内外。

渐渐地，有人传说宋英宗怕老婆，要不然为什么后宫空虚？他们哪里知道，在宋英宗心中，高滔滔并不是后宫一员，而是今生唯一的爱人。在高滔滔心中，宋英宗并不是什么九五之尊，而是她打小就爱上的那个人。

就这样，二人完全不把宫廷内外的压力放在眼里，依旧卿卿我我，甜甜蜜蜜。然而，好景不长，造化弄人——宋英宗的旧病复发，而且越来越重。

03

用我后半生，还你一世情

那时，宋英宗重回宫廷后，勾起伤心往事，精神状态渐渐变得不太稳定。他刚回宫时，宫中那些人依然不待见他，甚至还有人密谋要废掉他。平时，曹太后对他夫妻俩也颇为冷淡，连大臣们都看不下去了。虽然几经斡旋，二人同曹太后的关系有所缓和，但宋英宗的精神却渐渐濒于崩溃。

还有很重要的一点，那就是尽管他对权力不感兴趣，但他很有责任感。如今身在帝位，他强撑病体，日夜为国事殚精竭虑。就这样，继位四年之后，宋英宗终于撑不住了。三十六岁那年，他带着对妻子儿女的深深眷恋，离开了人世，享年三十六岁。

《宋史》的作者脱脱对宋英宗的早逝深为惋惜，认为宋英宗如果身体康健，必能大有作为。然而，宋英宗来不及开展的事业，只好由长子宋神宗来完成了。

宋神宗在位的十八年中，被尊为太后的高滔滔，为儿子的江山做了很多贡献。当时，大臣宋用臣被贬谪后，想让宋神宗的乳母入宫传话，好让宋神宗重新任用他。这位乳母便来高滔滔这边传话，希望借高滔滔劝说宋神宗。

结果高滔滔还没等乳母开口，直接就说："你来干什么？不会是来替宋用臣说话的吧？要真是这样，我就杀了你。"乳母怎么也没想到，一向菩萨心肠的高太后，竟有如此的霹雳手段。

她不由得面如土色，一句话也不敢说了。从此以后，通过后宫说情、传话的事情渐渐断绝了。

不仅如此，高滔滔为了缓解北宋紧张的财政状况，厉行节俭，成了皇族的表率。她把对丈夫的思念，化为对儿子政务的支持，只希望儿子能完成丈夫未竟的事业。

然而，命运又一次捉弄了她——宋神宗三十六岁时去世了，正是当年宋英宗去世时的年纪。一时间，高滔滔心如刀绞。然而继位的宋哲宗年仅十岁，高滔滔不得不强忍眼泪，在大臣的请求下，垂帘听政。听政九年，宋朝繁荣安定，高滔滔因此被誉为"女中尧舜"。

其实，高滔滔和宋英宗一样，生性安静淡然，并不贪图权力。只是他们出色的能力、良好的口碑、强烈的责任感，让他们不得不端坐于权力的顶端。

1093年，高滔滔因病去世，享年六十二岁。宋英宗去世后，她在世上孤独地活了二十六年。她和宋英宗相守的日子，前后约二十四年。说起来，宋英宗只陪伴了高滔滔半生。然而，高滔滔却用后半生，帮助儿孙把丈夫未完成的事业经营得有声有色。这何尝不是对那份爱情的守护？

看似半生的缘分，却是一生的情意。这份情，不因时光的流逝而有丝毫减损。这份爱，虽历经千年，却依然如此惊艳，如此动人。

明孝宗朱祐樘：一生只有一位妻子

> 孝宗孝康皇后张氏，兴济人。父峦，以乡贡入太学。母金氏，梦月入怀而生后。成化二十三年选为太子妃。是年，孝宗即位，册立为皇后。帝颇优礼外家，追封峦昌国公，封后弟鹤龄寿宁侯，延龄建昌伯，为后立家庙于兴济，工作壮丽，数年始毕。鹤龄、延龄并注籍宫禁，纵家人为奸利，中外诸臣多以为言，帝以后故不问。
>
> ——《明史·孝宗孝康皇后传》

"翠袖无香镜有尘，一枝花瘦不藏春。十年不识君王面，始信婵娟解误人。"世间女子，大多希望自己的夫君能够做到"任凭弱水三千，我只取一瓢饮"。可惜，这在男尊女卑的古代社会，是可遇不可求的，何况帝王之家。

"红颜未老恩先断，斜倚薰笼坐到明。"这才是帝王后宫的常态，即使将万贞儿宠爱到让自己差点无后的明宪宗，其身边也从未少过各色美人。唯有明孝宗朱祐樘，在他眼中，纵世间女子万千，都不如发妻美好。而他，也是历史上唯一主动践行一夫一妻制，真正做到一生只爱一个人的帝王。

01

身世悲惨

1469年夏天的一天，明宪宗突然想去内库清点一下自己的私房钱。在这里，他遇到了谈吐文雅、条理清晰、容颜美丽的内库女史纪氏。明宪宗当即宠幸了纪氏，虽然明宪宗转身就忘了纪氏，但这一次的邂逅，却让纪氏有了身孕。

在母凭子贵的后宫，如果能生下一位小皇子，就意味着后半辈子有了依靠。很可惜，纪氏生活在有万贞儿的后宫。万贞儿的孩子早夭，再未生育，因此，她绝不允许后宫其他嫔妃有孩子，一旦发现，不是强迫堕胎，就是令其暴毙。

即使是在恶统治的世界，善良也从未缺席。纪氏有孕的事情被内库众人一致瞒了下来，待万贞儿知道这事时，纪氏已经是在孕中晚期了，前来堕胎的宫人担心一尸两命，心生怜悯，选择了替纪氏隐瞒。被贬到环境恶劣的安乐堂后，安乐堂的众人又选择了帮纪氏隐瞒。

1470年，朱祐樘出生，万贞儿知道后，派张敏前来溺杀婴儿。看到婴儿清澈的眼睛后，张敏还是选择了隐瞒，并将他藏起来，偷偷抚养。本应光明正大生活在皇宫的小皇子，就这样战战兢兢，东躲西藏地长到了六岁，才被父皇知道。

原本以为终于可以和母亲堂堂正正生活在阳光下的朱祐樘还没来得及高兴，母亲就暴毙，对自己有救命和养育之恩的张敏也吞金自杀。

从小东躲西藏、战战兢兢的生活，亲人和恩人的相继离去，让朱祐樘对后宫斗争残酷性的认识，比其他人更为深刻。朱祐樘暗暗发誓，今后绝不像父皇那样，他要一生一世只爱一个人。

02
一生只爱一人

1487年，十八岁的皇太子朱祐樘迎娶了自己的太子妃——张氏。缘分，是千万人中偏偏第一眼看见的只有你，是初次见面就抑制不住的那份心动。在众多太子妃候选人中，张氏不是最漂亮的，也不是最有才华的，却是朱祐樘只看一眼，就怦然心动的人。选定张氏的那一刻，朱祐樘就在心里默默地告诉自己，一定要与张氏携手白头。

八月，明宪宗去世。九月，朱祐樘继位，是为明孝宗。很快，孝宗立张氏为皇后。黄宗羲曾在《原君》中批评君主："离散天下之子女，以奉我一人之淫乐。"但在明孝宗这里，这是绝对不存在的。在明孝宗看来，爱她，身边就只能是她一人。

继位不久，有人建议明孝宗选一批少女进宫，以备选妃之用，但明孝宗以先帝陵墓未修成为由，拒绝了；第二年，荆王朱见潚再次上书，请明孝宗选良家女入宫，明孝宗又以先帝刚刚仙逝为由，拒绝了。

古时候，皇帝子嗣不仅是皇帝个人的事情，更关系到国家社稷。眼看三年过去了，皇帝既无子嗣，又没有充实后宫的打算，于是，朝臣们坐不住了。礼部给事中韩鼎上书，请明孝宗按照"一人娶十二女"的规矩充实后宫，明孝宗嘴上说好，就是不见行动，韩鼎跑来催促，明孝宗仍然满口答应，就是不行动。

"一往情深深几许？深山夕照深秋雨。"明孝宗用自己的行动，向张皇后证明了自己的深情，给予了张皇后绝对的安全感。不仅如此，在张皇后这里，明孝宗朱祐樘还是个十足的暖男。

一次，张皇后患口腔溃疡，朱祐樘亲自端水传药，甚至连咳嗽都忍着，怕影响皇后休息。明孝宗不仅通过打太极的方式拒绝纳妃，甚至还用种种行动，有意无意地告诉大家，我和皇后很好，别再想着给我纳妃的事情了。

"旧制，帝与后无通宵宿者，预幸方招之。幸后，中人前后执火炬拥后以回，云避寒气。惟孝庙最宠爱敬皇后，遂淹宿若民间夫妇。"按照明朝规定，帝后是分开住的，即皇帝住乾清宫，皇后住坤宁宫。但明孝宗根本不认同这个规定，他像寻常百姓那样，与张皇后共同起居。

爱她，不仅要爱现在的她，还要接受曾经的她。张皇后入官前已经定亲了，但由于未婚夫孙伯坚病重，这才推迟婚期。后来，张家想送女儿入宫，就和孙家商量退婚，孙家同意了。明孝宗为了感谢孙伯坚给自己让出的这门好姻缘，甚至不顾朝臣反对，封孙伯坚为中书舍人。

03
爱屋及乌，不废政事

"爱其人者，兼爱屋上之乌；憎其人者，恶其余胥。"明孝宗将对张皇后的爱，扩及她的家人。他将张皇后的父母当作自己的父母，将张皇后的兄弟，当作自己的手足。

张家曾仗着外戚的身份，设立皇庄，让众多百姓流离失所。面对言官们的屡次弹劾，明孝宗对他们说："我只有这一门亲戚了，这事你们不必再对我说了。"

私下里，明孝宗像个兄长一样，找到张氏兄弟，进行谆谆教诲。一次，明孝宗游南宫，皇后的兄弟张鹤龄陪同。席间，明孝宗将张鹤龄叫到一边，人们远远地看到张鹤龄摘下乌纱帽向明孝宗磕头，从此，张氏兄弟行事再也不敢像往常那样恣意妄为了。

在宫中吃饭时，见自己和皇后用的餐具是金器，而岳母用的是银器，十分不悦的明孝宗知道是宫中制度后，专门赐给岳母一套黄金餐具。

都说一入宫门深似海，皇宫的妃子们，很难再见到家人。张皇后是个例外，明孝宗特意允准岳母随时可以进宫，甚至还为岳母在宫中修筑了宫室。明孝宗用自己的行动告诉张皇后，我们就是一家人，他们也因此活成了最有烟火气息的一对帝后。

虽然极度宠爱皇后，但明孝宗并未因此而误国。他驱逐奸臣，广纳贤良；他宽厚仁慈，明辨是非，就连弹劾岳丈家的言官，他当着皇后的面批评，背后也是安抚奖励；他勤于政事，轻徭薄赋，将他父皇遗留下来的烂摊子打造成了"弘治中兴"的盛世。

万历时期的大学者朱国桢，将他与汉文帝并称："三代以下，称贤主者，汉文帝、宋仁宗与我明之孝宗皇帝。"曾国藩甚至认为他与汉武齐名："自古英哲非常之君，往往得人鼎盛。若汉之武帝，唐之文皇，宋之仁宗，元之世祖，明之孝宗。其时皆异材勃起，俊彦云屯，焜耀简编。"

04
世事难料，晚景凄凉

有能力、为人仁慈、疼妻子、爱家人，有这样一位皇帝夫君，张皇后无疑是幸运的，更是幸福的。如果一直这样，张皇后定然一生都会像少女一样，无忧无虑地生活。

可惜，身体本就羸弱，加上长期勤政劳累，1505年，明孝宗于乾清宫驾崩。不久，他唯一的孩子，即皇太子朱厚照继位。

因为对张皇后的爱，又因为只有这么一个儿子，毫无疑问，明孝宗视朱厚照为珍宝，对其极尽溺爱。但他万万没想到，这种溺爱，不仅害了朱厚照，也害了大明江山，更害了自己的发妻。

在临死前，后悔平时对太子疏于教导的明孝宗，无奈地拜托顾命大臣："东宫很聪明，但是年纪太轻，好玩，好奇，诸位先生一定要辅佐他走正道，让他成为一个明君。"而朱厚照正如他父亲所说，是一个纨绔子弟。

十六年后，朱厚照也驾崩了，且没有子嗣。随着他的驾崩，以前的张皇后，如今的张太后，无论是待遇还是地位，都从云端跌入深谷。

按照"兄终弟及"的祖训，朱祐樘的侄子朱厚熜继位，是为世宗皇帝，也就是嘉靖皇帝。张太后与嘉靖皇帝的关系并不好，两人曾因为是否要朱厚熜认明孝宗为父亲吵过很多次，关系也降至冰点，因此，嘉靖时期张太后的日子并不好过。

一次，张太后的两个弟弟犯罪，她甚至向嘉靖皇帝下跪求情，都未得到应允。想起以往与孝宗琴瑟和鸣的日子，想到幸福的三口之家，如今只剩自己一人，悲愤难抑的张皇后就此一病不起，不久便凄惨离世。假如明孝宗地下有知，看到儿子纨绔绝嗣，看到妻子晚景凄凉，不知道该有多心痛。

第三章

伪装高手

越王勾践：为了复国，敢尝大便

范蠡遂去，自齐遗大夫种书曰："蜚鸟尽，良弓藏；狡兔死，走狗烹。越王为人长颈鸟喙，可与共患难，不可与共乐。子何不去？"种见书，称病不朝。人或谗种且作乱，越王乃赐种剑曰："子教寡人伐吴七术，寡人用其三而败吴，其四在子，子为我从先王试之。"种遂自杀。

——《史记·越王勾践世家》

有一则对联写道："有志者，事竟成，破釜沉舟，百二秦川终属楚；苦心人，天不负，卧薪尝胆，三千越甲可吞吴。"这可谓是最著名的励志标语。意在告诉人们，坚持不懈，用心专一，方能收获成功。

其实，相较于项羽的"志"，勾践的"忍"更能激励人心。大凡成功者早已将"吃苦"精神融入血液中，"苦尽甘来""腊尽春回"的信念，让人们一次次渡过难关。

然而，对于勾践而言，"卧薪尝胆"只是为了让他铭记耻辱，却不是他反败为胜的方法。早在退守会稽山开始，文种、

范蠡便为勾践设计了一场复国大戏，而勾践要做的，不光是要
"忍"，还要让自己成为一个真正的戏精。

01

勾践降吴

春秋后期，吴国与越国势同水火，交战数次，积怨很深。
当时吴国强盛，伍子胥横扫楚国，迫使楚国将国都从郢迁到
了鄀。为抵抗吴国，楚国与越国结盟，越国不时从后方捅吴国
一刀。

卧榻之侧，岂容他人鼾睡。恰逢越王允常去世，其子勾践
即位，吴王阖闾便想乘此时机一劳永逸，消除后顾之忧。前496
年，吴越发生槜李之战，勾践深知自己不敌阖闾，便打算出奇
制胜。

两军交战之际，勾践命死囚穿上越军军服，手持利剑，排成
三行，步行至吴军阵前，自刎而亡。吴军从没见过这种阵仗，军
士面面相觑，越军趁机突袭吴军，吴军猝不及防，当场溃败，吴
王阖闾也因此战伤重去世。这是勾践的首秀，一出场，就用自己
另类的思维，给吴国上了一课。

阖闾在弥留之际告诉儿子夫差要为自己报仇，却没有告诉
他，勾践为人诡谲，不可以用常理判断。夫差心系父仇，厉兵秣

马，准备一雪前耻。勾践听闻后，决定先下手为强，将夫差这个威胁扼杀在摇篮里。

然而这一次，无论是实力还是运气，勾践都不占优势。夫差以伍子胥为将，精锐尽出，攻打越军。所谓一力降十会，在真正强大的实力面前，一切阴谋算计都无济于事。夫椒一战，越军被杀得大败，夫差率军直捣越国国都会稽，将勾践围困在会稽山上。

对夫差而言，这是自己梦寐以求的结果，既报父仇，又能决定宿敌生死，好不痛快。但对于勾践来说，留得青山在，不怕没柴烧。在范蠡劝说下，勾践决定卑辞厚礼，举国降吴，承诺自己终生追随夫差。

夫差已然成为胜利者，勾践的生死也不过是在自己一念之间。他如今要做的不是杀死敌人，而是看着敌人受尽折磨。

02
尝恶辨疾

夫差接受议和，伍子胥进言说："这是上天将越国赐给我们，不能答应他们。"就在夫差犹豫之际，太宰伯嚭领着文种前来拜见。

伯嚭本就与伍子胥不和，如今更是收了越国送来的美女、宝器，自然卖力劝说国君夫差："越国愿诚服为臣，如果赦免他们，他们必会竭心尽力感激我们。"夫差听了伯嚭的话，觉得言之有理，于是，便命勾践夫妇入吴为奴。一者，考验勾践是否诚心归降；二者，将敌人放在眼前，心里也踏实一些。若是换作别的诸侯，宁死也不愿为奴。可勾践乃枭雄，只要有复国机会，他可以忍辱包耻。议和成功后，越国虽成了吴国的附庸，勾践却开始了他的复国大戏。

一入吴国深似海，从此君王成下人。身在吴国的勾践，成了卑贱的马夫，睡草棚，拉马车，仿佛自己生来就是奴隶。被吴国人嘲弄、侮辱，勾践也不为所动，仿佛本该如此。

更令人震惊的是，来吴国后勾践竟心甘情愿为阖闾披麻戴孝守墓。勾践心里清楚，吴国并没有对自己放松警惕，只有自己更顺从，才能降低夫差的防范之心；自己越卑微，越能打消吴国的戒备心理。

想骗过敌人，就得先骗过自己。勾践在三年的时间里，恪守当初承诺，没有想着逃跑，也没有表现出愤恨，一心出演着自己"失败者"的角色。

一次，夫差生病三个月还未好，勾践心知这是表忠心的绝佳机会，便恳请伯嚭带自己拜见夫差。恰逢夫差出恭完毕，伯嚭捧"溲恶"以出，勾践急忙拜请尝其"溲恶"，"以决吉凶"。溲恶即小便和大便，一般人闻到都会感到不适，然而勾践却以手取其恶尝之。尝完后，勾践对吴王说道："囚臣给大王贺喜，您的病到三月的壬申日就能痊愈。"夫差大喜，对左右赞道："勾践真是仁义之人。"

人生如戏，全凭演技，勾践正是因为给自己加的这场戏，让夫差放下了所有的戒备。一个曾经的君王连这种事都能做出来，证明他确实已被驯服，这样的人已不足为惧。于是，夫差决定放勾践回国。

三流演员演其形，二流演员隐其形，一流演员则忘其形。夫差万万没想到，勾践正是一流的演员。

<h2 style="text-align:center">03</h2>

<h2 style="text-align:center">勾践复国</h2>

回到越国的勾践，并没有放下心来，他深知命运残酷。一方面，勾践继续着自己的表演之路。穿最朴素的衣物亲自下地耕作；与人相见，无论贵贱，皆以礼相待；下放权力，仿佛自己无心问政。他的所作所为，不仅是为了消除吴国戒心，更是演给越国人民看。与民同耕，与民同仇，这必然会增强全国人民的凝聚力。

另一方面，勾践明修栈道，暗度陈仓，对吴国实行文种的计策："贵籴粟槁，以虚其积聚；遗美女，以惑其心志；遗之巧工良材，使作宫室，以罄其财。"越国就是要倾其物资，消其精力，劳其民财，以此来弱化吴国。而后，大力增加国内人口，十年生聚，十年教训，通过一系列措施来富国强兵，积攒复仇力量。

而这时的吴国，以为解决了后顾之忧，开始逐鹿中原。先北上伐陈，后攻鲁，再讨齐，而越国每次都派遣军队，作为吴军先锋，助其攻伐。然而，越国表现得越恭顺，伍子胥越觉得其图谋越大。他多次告诫夫差"越在我，心腹之疾也"。

而夫差被勾践的演技深深迷惑，不愿相信伍子胥的谏言，后来伍子胥提出联齐灭越，夫差不纳。伍子胥觉得吴国离灭国之日不远，就将儿子托付给了齐国。伯嚭此时挑拨离间，夫差以为伍子胥要谋反，最后赐他一把宝剑让其自尽。吴国最后一道屏障失去，勾践只等机会来临，便要一雪前耻。

前482年，吴王夫差率领精兵北上黄池会盟，仅留老弱残兵与太子留守国都。勾践终于撕下了伪装的面具，派遣精锐伐吴，杀掉了吴太子。夫差此时才知自己被勾践蒙骗，可如今勾践羽翼已丰，国力不输自己，于是只能与越求和。

前478年，勾践在笠泽之地又一次大败吴军，吴国从此一蹶不振。没过多久，越国灭掉吴国，夫差自杀。

俗话说："演戏的是疯子，看戏的是傻子。"勾践的疯，在于忘记自己的身份，假戏真做，用命相搏；夫差的傻，在于太看重自己的能量，已入彀中，尚不自知。勾践为了复仇，演了二十二年的失败者，不显山不露水，他的每一次表演，每一次违心，都是强忍着苦痛。因为他知道，唯有将演技练到炉火纯青，才能麻痹敌人，骗过敌人。

人这一辈子，苦难与之同行，福祸不弃不离。勾践便是如此。他当了三十一年越王，二十二年都活在戏中。他拼命去演，生怕自己一时大意，人生便落下帷幕。

新帝王莽：不停表演，直到称帝

久之，叔父成都侯商上书，愿分户邑以封莽，及长乐少府戴崇、侍中金涉、胡骑校尉箕闳、上谷都尉阳并、中郎陈汤，皆当世名士，咸为莽言，上由是贤莽。永始元年，封莽为新都侯，国南阳新野之都乡，千五百户。迁骑都尉、光禄大夫、侍中。宿卫谨敕，爵位益尊，节操愈谦。散舆马衣裘，振施宾客，家无所余。收赡名士，交结将相、卿、大夫甚众。故在位更推荐之，游者为之谈说，虚誉隆洽，倾其诸父矣。敢为激发之行，处之不惭恧。

——《汉书·王莽传》

公元9年的一天早晨，一位五十四岁的中年男子，一步步走向石阶顶端未央宫里的宝座。就在这一天，他篡汉自立，改国号为"新"。他将带领汉朝的子民们走向一个新世界。

有人说，他是心怀天下的野心家；有人说，他是痛恨暴政的篡位者；也有人说，他是有史记载的第一位穿越者。他不顾念骨肉亲情逼死自己的儿子；他打击富豪，重新分配田地，解放奴隶；在他统治下出现的"游标卡尺"震惊后世考古界……

然而，天不遂人愿，赤眉、绿林摧毁了他数十年的努力。昆阳一役，他彻底大败。他一手创建的新王朝，只存在了短短十五年。他就是从"圣人大贤"变成"衣冠禽兽"的"篡位者"——王莽。

白居易有首诗中写道："周公恐惧流言日，王莽谦恭未篡时。"周公有恐惧流言的时候，但总体来说他是一个正直的人；而王莽在未篡汉前一副谦恭的正人君子模样，篡汉后立即暴露了自己的狼子野心，演绎了一部精彩绝伦的"篡汉"大戏。

01
建立人设

汉元帝初元四年（前45年），王莽出生在一个贵族家庭，"家凡九侯，五大司马"，他的姑姑王政君是汉元帝的皇后，王家十分显赫。

王莽父亲去世得较早，当时他只有十二岁左右。少年王莽与许多同辈子弟不同，兄弟们过着声色犬马的生活，王莽却"清贫"度日，他自幼熟读儒家经典，颇受家族长辈们的喜爱。

王莽从小就很懂事，他的伯父，也就是王政君的哥哥病重时，他服侍左右，"亲尝药，乱首垢面，不解衣带连月夜"。

伯父对此很是感动，因此格外爱他，临终前将王莽托付给了王政君。

前16年，王莽被封为新都侯，后升迁为光禄大夫、侍中。升至高位的他并没有因此而得意忘形，反而更加谦卑。

升官之后，王莽将象征身份的车舆卖了，换得的钱全部分给平民百姓。他还将自己的俸禄也都分给了穷苦人民。一时间，王莽声名鹊起，得到了朝野上下以及百姓的称赞。

王莽三十八岁那年，被封为大司马，差不多相当于后世的天下兵马大元帅。当上大司马的王莽，认为自己目前做得还不够，觉得必须让自己的声誉超越前人。

为达到这个目的，他干了这么一件事：他找姑姑王政君商量说："我们王家财产太多，不是好事，不如把王家所有土地分给百姓吧。"王政君听后觉得有些道理，于是就答应了。

王莽自己以及家人也更加节俭。有一次，他母亲生病了，许多达官贵人前去探望慰问。他们在王莽家里看到一个穿着粗布麻衣、脸上不施粉黛的女人，以为是王家的下人，后来才知道，她是王莽的老婆。大司马的老婆，原本是众多官员太太羡慕的对象，结果穿得连家里的丫鬟都不如，此时王莽的形象在众人心中变得更加高大。

王莽的人设，经营得非常成功，所有人都对他赞不绝口，都认为他是圣人转世。如果说，上述的那些事件还不能让所有人对王莽心悦诚服，那么在这件事后，王莽将成功俘获所有人的信任。

有一次，王莽的二儿子王获失手打死了家里的一个奴婢。张家山汉简《二年律令·贼率》中记录了这么一条规定："父母殴笞子及奴婢，子及奴婢以殴笞辜死，令赎死。"这句话意思就是说：在西汉，奴婢被主人给打死，即使告官，只要赔点钱就可以了，没有其他的惩罚。

按理，王获只要给奴婢家里赔点钱就完事了，但王莽不答应，他做了一件震惊全国的大事——硬逼着犯事的儿子自杀谢罪。

俗话说，虎毒不食子，况且他儿子做的事在当时看起来并非十恶不赦的大罪，王莽竟然让自己的儿子自杀，即便是普通百姓都舍不得这样对待自己的孩子，更何况是身居大司马的高官。王莽这一做法彻底征服了所有人。

此时的王莽看起来确实是一个圣人，但他做的这一切似乎另有目的。

02
人设崩塌

汉成帝刘骜（王政君的儿子）整日沉溺于声色犬马之中，私生活荒淫放荡，最后因纵欲过度，中风死在了未央宫里，终年四十五岁。他没有儿子，死后只能让侄子刘欣继位，也就是后来的汉哀帝。

一朝天子一朝臣，汉哀帝上位之后，自然要封赏自己的亲人，首先就是他的母亲与奶奶。汉哀帝的奶奶傅太后，是汉元帝的妃子，身份与王政君的正宫之位无法相提并论。因此无论是谁继皇帝位，只要王政君还活着，王政君就永远是太后。

而汉哀帝不顾祖宗礼法，干了这么一件事：一次宴会上，汉哀帝将傅太后与王政君的座位并排放置，意味着两宫地位平等。这时，所有大臣都犯难了，两边都不能得罪，而王莽此时抓住机会，再一次收买了人心。他直接将傅太后拉下座位，说她不该坐那儿。也因为这件事，汉哀帝更是将他视为眼中钉。

之后王莽上了折子辞官，他便被遣回封地当了个"闲人"，官丢了，但是他的名望又一次加分。一年后，汉哀帝病死，傅太后和丁太后（汉哀帝母亲）也相继去世。不久，王莽官复原职，之后他立九岁的刘衎为皇帝，史称平帝。

由于平帝年纪太小，朝政大权自然落在了王莽手中，此时的王莽还没有完全撕下他伪善的面具。他一方面排除异己，一方面采取措施笼络人心，比如建学校，给百姓捐钱捐物，给穷苦老百姓提供居住的处所等。这一切，赢得了知识分子、权贵、百姓的心，更赢得了他们的拥戴。据史书记载，为王莽上书歌功颂德的竟有四十八万多人。

公元5年，王莽毒死平帝，立两岁的刘婴为帝，以便自己控制。但他的欲望并没有完全被满足，三年后，他直接逼迫自己的姑母王政君交出玉玺，自立为皇帝，改国号为新。王莽的真面目终于完全暴露了。

他不吝家产，不念骨肉亲情，这一切都只是他为获得权力进行的政治投资。但他的用心终究骗不过历史的慧眼。十五年后，王莽因为不合时宜的改革被民众赶下了皇位。

机关算尽太聪明，反误了卿卿性命。再完美的人设，那也只是人设，终有一天，人设背后的真实面孔会被揭开，那时他将彻底从云端跌落。

03

后世评价

历史学家对王莽鲜有褒奖。虽然王莽确确实实当过皇帝，也在位十五年，但在《汉书》中不仅没有入"本纪"，甚至连"世家"都没有选入。

班固在《汉书》中写道："莽既不仁而有佞邪之材。"认为他是一个小人。其原因不外乎两点：一是他并没有用光明正大的手段获得皇位，而是篡取；二是此人太过善于伪装，人品不足为训。

但班固毕竟吃的是汉朝的饭，对于王莽的评价还是有失公允的。王莽为人好像是虚伪了点，喜欢装，但还是有历史功绩的。他篡位后，是真心想有所作为，于是进行了一场伟大的变革，但奈何太过急功近利，再加上一些客观原因导致改革失败。

有人说，王莽是一个复古者，因为他的改革措施都以周代的理想社会为背景，他想建立一个属于自己的乌托邦。也有人说，他是一个充满现代思维的穿越者，打击富豪、重新分配田地，土地收归朝廷所有，他的改制和思维方式远远超越了当时社会的普遍价值观念……

公元23年，六十八岁的王莽不曾想到自己竟会有这样惨不忍睹的结局。绿林军攻入长安，他被人砍下了头颅，尸体被肢解，头颅则被送到闹市口，暴晒数十只剩下骨头。

《后汉书》记载，刘盆子等人向刘秀投降时，奉上的宝物除了汉高祖刘邦斩白蛇的剑，还有王莽的人头。从此之后，王莽的人头被收入东汉皇宫，与高祖斩白蛇剑、孔子屐一同被列为镇国之宝。此后二百七十年间，他的头颅一直被历代帝王收藏。

晋宣帝司马懿：装病夺权，做三国最大的赢家

又尝梦三马同食一槽，甚恶焉。因谓太子丕曰："司马懿非人臣也，必预汝家事。"太子素与帝善，每相全佑，故免。帝于是勤于吏职，夜以忘寝，至于刍牧之间，悉皆临履，由是魏武意遂安。及平公孙文懿，大行杀戮。诛曹爽之际，支党皆夷及三族，男女无少长，姑姊妹女子之适人者皆杀之，既而竟迁魏鼎云。

——《晋书·高祖宣帝纪》

有人说，三国是一个人才井喷的时期。在这个时期，出现了许多了不得的人物：酾酒临江、横槊赋诗的曹操，鞠躬尽瘁、死而后已的孔明，勇武传魂、忠肝义胆的关羽……这些英雄豪杰们，凭借着自己的勇武与智慧开创了属于他们的时代。但他们却都不曾想到，这个时代最终会被一个叫作司马懿的人终结。

平心而论，比起那些顶级大佬，司马懿并不算太冒尖。然而，就是这不太冒尖的司马懿，却成了三国时代最大的赢家。这其中的奥秘，便在于他精湛的演技。

01

司马懿出仕

说到司马懿，便要由一个梦说起。做梦的人是以"梦中好杀人"著称的曹操，梦的内容则是：三马同槽。也就是三匹马在同一个马槽里吃东西。

这个梦在后世看来，那是再简单不过了：它预示着司马懿父子三人将逐步蚕食曹魏的江山。但对于当时的曹操来说，他并不能确定这"三匹马"就是司马懿父子，也可能是西凉马腾父子，反正都姓马。况且司马懿一向表现得低调温顺，因此曹操并没有急着除掉司马懿。

然而令曹操没想到的是，司马懿这头老狐狸的"忍术"已达化境，他不仅瞒过了曹操，更欺骗了曹魏三代君臣。

其实，司马懿与曹操一样，并非生来便是奸雄。司马懿是京兆尹司马防的第二个儿子，史书称他"少有奇节，伏膺儒教，有忧天下之心"。"鹰视狼顾"的司马懿，早年也是忧国忧民，有着一颗赤子之心的。只不过后来慢慢变质了而已。他本怀着诸葛亮的心，却一步步走上了曹操的路。

三国时期，各路诸侯为壮大自己的势力，都十分注重人才的延揽，曹操尤其如此。建安六年（201年），曹操在听闻司马懿的名声后，下令召他入朝做官。可司马懿不干，他推脱自己中风，腿脚不便，拒绝出仕。

曹操将信将疑，派了一名密探暗中观察司马懿的一举一动。结果司马懿真的装成了一个中风瘫痪的病人，骗过了曹操的耳目。司马懿这一装，就是七年。

事情并没有完。建安十三年（208年），曹操再次征召司马懿，并撂下狠话："不来，就把他抓起来。"曹操狠话一出，司马懿顿时腿也不疼了，腰也不酸了，乖乖出来做官。司马懿深知曹操为人多疑，在他面前，自己必须谨言慎行。

于是司马懿使出了他的"忍术第一招"——装小透明。

不显山不露水，自然也就不会遭到别人的猜忌和迫害，这就是他的自保之术。但是你如果认为"低调"就是不作为，那就大错特错了。

司马懿在曹操手下任职，虽然表现得谨慎低调，但也暗中搞了不少小动作。其中最重要的一个动作就是：力挺曹丕。其实司马懿心里明白，力挺曹丕就是给未来买一份保险，眼前最大的风险还是来自多疑的曹操。

因此，司马懿在其他时间都表现得非常低调，就怕一不小心，被曹操抓住小辫子。

02

耗死诸葛亮

曹操死后，曹丕继位，司马懿得到了前所未有的重用。曹丕虽然对司马懿也不是完全放心，但却比曹操要友好得多。

而对于志大才疏的曹丕，司马懿决定表表忠心。有能力、有忠心，这是千古明君梦寐以求的治世良臣。彰显能力的同时表现出忠贞品格，自然会得到君王的赏识，这就是司马懿的上位之术。

曹丕要御驾亲征讨伐东吴，司马懿第一个举双手赞同；曹丕要趁刘备之死伐蜀，司马懿便立即出了一个"五路讨伐"的计策。面对司马懿这样的"大忠臣"，曹丕怎能不心花怒放。他不但任命其为尚书、御史中丞，把他直接拉进了曹魏的权力中枢，还把坐镇许昌的军政大权交给了他。从此司马懿从低调者一跃而成了上位者。

黄初七年（226年），魏文帝曹丕病逝。在曹丕生前，司马懿虽然得到了重用，但却从未真正执掌过兵权，直到曹叡继位后，他才成了独当一面的大将。虽然掌了兵权，但司马懿的日子并不好过。曹操在时，他就一直忍着，生怕被老板抄家灭族；如今，他还要换个地方接着忍，而这次他要忍的对象是诸葛亮。

面对用兵如神的诸葛亮，司马懿采取了他的"忍术第二招"——装胆小鬼。

任凭你如何挑衅叫骂，我就是一招——坚壁固守，龟缩不出。诸葛亮领兵北伐远道而来，粮草供应十分困难，所以贵在速战速决。司马懿正是瞧准了这点，才按兵不动，决定打长期消耗战。

对于司马懿的"忍术"，诸葛亮也非常无奈。他绞尽脑汁引诱司马懿主动出击，怎奈司马懿就是不上当。最后，诸葛亮心生一计，他派人给司马懿送去了一整套女人穿的衣服。司马懿收到诸葛亮送的东西后，心中虽然生气，但在将士面前还是忍了下来，只见他大笑道："哈哈，原来诸葛亮是把我当成了女人啊。"

古时候的人最重名节，甚至把名节看得比生命还重，诸葛亮的目的很明确，他就是要侮辱司马懿，激怒他，让他出战。即使司马懿本人能忍住，他手下的将士们也能忍住吗？

可让诸葛亮没想到的是，司马懿不仅把自己的屈辱咽到了肚子里，还借魏明帝曹叡的名义把群情激奋的将士们压了下来。就这样，诸葛亮被司马懿活活耗死在了五丈原。

西拒诸葛，北定辽东。司马懿终于靠着连年征战，树立起了自己的军威，同时也向皇帝证明了自己的忠心。

其实，司马懿对诸葛亮的忍，不仅是为了保命，更是为了在军中树立起威望，用"不辞劳苦"的行为向皇帝表忠心。果然，司马懿的行为得到了魏明帝曹叡的高度赞赏。

就在他刚平定辽东后，洛阳方向传来了曹叡病危的消息。司马懿闻讯，连忙赶回洛阳。

在御榻之前，司马懿紧紧握着曹叡的手，泣不成声。奄奄一息的曹叡看着涕泗横流的"忠臣"司马懿，放心地将幼子托付给了他，然后永远闭上了双眼。

曹叡的盛年而崩，是曹魏政权的一个转折点。

03

装病赚曹爽

曹叡将死之前，给儿子留下了两位辅政大臣。除了司马懿，还有大将军曹爽。这曹爽是曹氏宗室，由他来掌握兵权是最合适不过的了。但曹爽这个人却是个十足的草包，他只知道一个劲地揽权，却不懂得如何正确使用手中的权力。

新君还只是个小孩子，形同虚设，这样一来，真正的国家大权，就转移到这两个辅政大臣的手里了。于是，谁来掌权就成了急需解决的问题。

曹爽是一个权力欲较强的人，所以他先下手为强，上奏天子，让司马懿做了地位尊崇却毫无实权的太傅。紧接着，曹爽将自己的一批亲信都提拔到关键岗位，将整个行政机构掌握到自己手中。这边曹爽尽力削弱司马懿的权力，那边司马懿却像个没事人一样。

要想让一个人灭亡，就先让他猖狂。为了让曹爽猖狂，司马懿再一次选择了忍，并使出了他的"忍术第三招"——装病。

自从司马懿远离权力中心后，就淡出了政治舞台，提前过上了退休生活，而且据说司马懿身体很差，经常卧病在床。曹爽听说司马懿病得很重，于是就派一个叫作李胜的大臣前去打探消息。

李胜来到了司马家，发现司马懿已经是病入膏肓了。见李胜前来探病，司马懿要站起来迎接，却根本站不起来，最后还是丫鬟把他扶起来的。他跟丫鬟说要喝水，丫鬟就端了稀粥来。结果他连粥都喝不进嘴，还洒了满身。

李胜见状，假意说道："我要到家乡荆州去任职了，太傅是国家的栋梁，您病成这个样子，我心里很难过啊。"司马懿迷迷糊糊地说："你要到并州去啊，并州那地方跟胡人相接，您小心一点啊。"

李胜见司马懿已经病糊涂了，便回去告诉曹爽："司马懿已经病入膏肓，不足为虑了。"经此一事，曹爽对司马懿的戒心渐渐消除了。不得不说，司马懿是个善于伪装的高手。

嘉平元年（249年）正月，忍了一辈子的司马懿，终于拔出了他那尘封已久的剑，并毫不犹豫地刺向了曹爽。那一天，曹爽跟着皇帝出城祭祀皇陵。司马懿一听到这个消息，立即从床上一跃而起，这时的他哪像个卧床不起的病人。

司马懿带着暗中培养的死士与亲信，直奔皇宫找到郭太后，说曹爽一伙居心叵测，危害国家，让郭太后下诏，废黜他们。在司马懿的威逼要挟之下，郭太后只能发下诏书，让司马懿"为君除害"。诏书拿到手，就相当于有了一个合法手续，司马懿与曹爽的位置也发生了转变。现在，司马懿成了正义之士，曹爽反倒成了乱臣贼子。

司马师攻占司马门，司马昭看守皇宫，司马懿则亲自领军出屯洛水，切断曹爽归路。一向跋扈的曹爽，却在这危急存亡的时刻，放弃了起兵勤王的机会，转而向司马懿投降。这一次的放弃不仅断送了几千人性命，更断送了曹家天下。曹魏的大权，彻底落入了司马懿的手中。

历史已经用它深厚的积淀印证了一个真理：只有那些坚持忍耐的人，才能笑到最后，才有资格站在山巅。司马懿忍耐了五十年，才在众多大佬的夹缝中，挤出了一条通天之路。

忍有两种：一种叫忍气吞声，一种叫忍辱负重。很明显，司马懿是后者。他用一生完美阐释了"忍"的含义，也用"忍术"成就了自己的辉煌。

隋炀帝杨广：为了皇位，欺骗父母

上好学，善属文，沉深严重，朝野属望。高祖密令善相者来和遍视诸子，和曰："晋王眉上双骨隆起，贵不可言。"既而高祖幸上所居第，见乐器弦多断绝，又有尘埃，若不用者，以为不好声妓，善之。上尤自矫饰，当时称为仁孝。尝观猎遇雨，左右进油衣，上曰："士卒皆沾湿，我独衣此乎！"乃令持去。

——《隋书·炀帝纪》

自古以来，人们为了达到不同的目的，均会披上一层伪装。然而，有些人的伪装一戳就破，有些人的伪装则可以蒙蔽他人一生。隋炀帝杨广的伪装技巧，堪称一流，他用自己精彩绝伦的"表演"为历史增添了一份"黑色幽默"。

01

少年天才

北周天和四年（569年），杨广出生在当时尚为雁门郡公的杨坚家中，是杨坚的第二位公子。史书上记载杨广："美姿仪，少聪慧，高祖及后于诸子中特所钟爱。"因为杨广漂亮的仪表和聪慧的头脑，得到了父亲和母亲的钟爱。杨广十三岁的时候，父亲杨坚登基称帝，封他为晋王。

杨广早年特别好学，论文章诗赋，朝中许多大臣都比不上他。他曾有一首诗为后人津津乐道："寒鸦千万点，流水绕孤村。斜阳欲落处，一望黯销魂。"这首诗，后来被北宋大词人秦观化用，改为："斜阳外，寒鸦万点，流水绕孤村。"秦观也因这首词得了一个"山抹微云君"的称号。由此可见杨广的诗文水平，就连后来特别厌恶他的唐太宗李世民，也不得不承认杨广的文采。起初，隋朝的士大夫对他期望甚高。

隋文帝登基后，曾经召看相的人，秘密观察诸子。看相的人对隋文帝说："晋王眉上双骨隆起，贵不可言。"隋文帝大喜。或许是这样的话传到了杨广的耳中，让年少的他在内心树立起一个雄伟的目标：他要取代自己的哥哥杨勇，当上皇太子，将来继位为帝。

02

投其所好的表演

古代皇帝立储有个传统，立嫡不立庶，立长不立幼。杨广虽然是隋文帝的嫡子，但并非长子，因此早自己几年出生的"庸才"大哥杨勇，抢占了先机。然而，大哥向来没有犯过大错，因此想要取代他，还需要漫长的努力。

要达到目的，就要同时满足几个条件：第一，让大哥的行为和父皇、母后的价值观发生冲突；第二，彻底了解"观众"们的想法，有序地赢得母后、父皇以及朝臣们的喜爱；第三，一切都要自然，不动声色。

隋文帝以勤俭闻名，加上自己创业不易，因此对奢靡之风十分厌恶。太子杨勇好学，也同样善作辞赋，但率意任性，喜欢什么就做什么。有一天杨勇给自己的铠甲装饰花纹，隋文帝看到后十分生气。

其实装饰一些花纹，即便在节俭的隋文帝那里也不算是什么花费，但是他认为太子身为储君，应当为百官表率。当百官看到太子喜爱浮华的装饰的时候，他们一定会模仿或者献殷勤，因此小小的"奢靡"会造成连锁反应。

而杨广则不同，他早就洞察了父亲内心的想法。隋文帝驾临杨广的府邸，看到琴弦基本上都断了，上面又布满灰尘，看上去很久没有使用了。隋文帝认为，杨广一定不喜欢歌舞和音乐，因此对他的赞赏又增加了几分。

只让父亲喜欢自己没有什么用，杨广还需要文武大臣们的拥戴。文臣那边好打发，只要谦卑谨慎，完全遵照儒家的传统即可。所以杨广每次上朝的时候，车马侍从都简约朴素，对待朝臣的态度恭敬谦卑，礼节十分到位。因此在文臣中，杨广的名声极好。

而武将要麻烦点，他们尚武重义，于是杨广就换了一种思路。首先是与将士们同甘苦。有一次，在观猎的时候，天上突然下起了大雨，于是左右的侍从们就给杨广披上了防雨的油衣，杨广假装生气地说：将士们都在淋雨，我怎么能独自穿上油衣？于是让左右把衣服拿下去了。将士们看在眼里，感激涕零。

接下来，他就要建立军功，让武将们拜服。他向南平定了陈朝，北上出击突厥。在平定江南时，他惩办贪官污吏毫不手软，并且查封府库，分文不取，将陈朝皇帝陈叔宝和江南所有财宝原封不动地押送到都城。武将们对他无不拜服。

搞定了父皇和文武大臣还不够，还需要搞定一个人，那就是他的母亲独孤皇后。隋文帝在历史上怕老婆是出了名的，虽然隋文帝后宫还有其他女人，但是独孤皇后不允许她们怀孕。同时，她也把自己的这种想法，灌输给了儿子和朝中的大臣。

太子杨勇宠幸的妾室很多，有一天太子妃突然死了，独孤皇后认为是太子的爱妾谋害的。杨广听说后，更加小心翼翼，他只和自己的原配夫人住在一起。这让他的形象在独孤皇后那里加分不少，比起那个不争气的长子杨勇，独孤皇后更加看好这个次子杨广。

皇后、大臣们不停地在文帝面前说杨广的好，劝文帝改立杨广为储君，而文帝自己内心对杨广也颇为喜爱，终于在开皇二十年（600年），隋文帝废黜杨勇，改立杨广为皇太子。

03
更换角色要不留痕迹

在杨广当了四年太子后，隋文帝杨坚病逝。关于隋文帝是如何去世的，历史上有很多种说法。比如厌恶隋炀帝的唐太宗命人编修的史书《隋书》中，仅仅记载了一句："四年七月，高祖崩，上即皇帝位于仁寿宫。"

但是很多的影视作品，都采用了司马光《资治通鉴》中的记载：那年隋文帝患病住在仁寿宫，杨广想如果文帝去世，必须先做好防备措施。于是他亲手写了一封信，派人送去给杨素。杨素把情况一条条写下来回复太子。这时候宫人把信件误送给了隋文帝，文帝看到后很不高兴，但自己的确也快死了，加上夜深了，就很快睡着了。

天刚亮，他突然发现自己的侍妾陈夫人面露难色。文帝问她发生了什么，陈夫人说，太子对她无礼。文帝大怒："畜生何足付大事！独孤误我！"然而杨素听闻此事，立马和杨广封锁皇宫，当天，文帝驾崩，杨广即位。

当了皇帝后的杨广，身份在一夜之间就变了，他的角色也随之变化。从此刻起，他第一阶段的目标已经实现，接下来就要实现第二阶段的目标——当一位名垂青史的帝王。

如果要做到这一点，第一步需要做一件事——集权。那么首先要对付的就是那些有军权、有野心的将领。

就在前一年，杨素也病死家中。从此，整个国家再也没有能够制约杨广的人了，他要开启自己新的规划了。

首先，营建东京。征召民工之前，杨广发布了一道诏令，其中有两句："通其变，使民不倦；变则通，通则久。""有德则可久，有功则可大。"什么意思呢？简单地说就是，我这次营建东京是为了老百姓，即使违背祖志，但也是遵照圣人的意思进行的变通。如果有人反对，就是反对圣人。

隋炀帝先声夺人，自然也就很少有人站出来反对。并且在诏书最后，他还加了一句："民惟国本，本固邦宁，百姓足，孰与不足！今所营构，务从节俭……"这次营建的花费务必以节俭为主。然而整个工程庞大奢靡，召集了二百万民工，历时近一年才完成。在营造东京的过程中，他还下令开凿大运河。

再看杨广的整篇诏书，从上至下，引经据典，言辞恳切，感人至深。或许是感受到了"文字"的力量，隋炀帝以后每有大动作，就洋洋洒洒地写一篇文章，颁布出去。

有了文治，当然还要有武功。大业七年（611年），隋炀帝杨广下诏征兵攻打高丽，出动了一百多万军队。然而，这一次却成了他的"滑铁卢"。

这次出征声势浩大，怎么着也能打得对方跪地求饶吧？然而，由于自己的基本功不扎实，再加上朝中的猛将都被他斩杀得所剩无几，一百多万大军败于辽东城。国家已经被隋炀帝的"演员梦"折腾得千疮百孔，但是他依然不肯罢手，继续发兵辽东。

杨素的儿子杨玄感看到"百姓苦役，天下思乱"，便乘机起兵反隋，杨广被迫从辽东撤军平叛。或许是一生太过顺利，这次的挫折让杨广不能承受，羞辱感扑面而来。他发动最后的力量第三次攻打高丽，然而换来的又是失败。

04

娱乐至死

此时，隋王朝的气数将尽，到处都是农民起义，隋炀帝的状态十分颓废。既然文治武功已经跟自己无关了，那么就得过且过吧！杨广变得荒淫昏聩，他命大臣王世充挑选江淮美女充实后宫，每日酒色自娱。喝到尽兴的时候引镜自照，他摸着自己的脖子，对萧后和臣下说："好头颈，谁当斫之！"

大业十四年（618年）三月，他的臣下谋反，带领士兵闯入皇宫，准备将杨广斩于刀下，杨广忽然站起来说："且慢！诸侯之血入地，尚且要大旱三年，何况斩天子之血？天子自有天子的死法，拿鸩酒来！"然而，叛将们没有给他服毒自尽的机会，而是用白绫勒死了他。

纵观杨广一生，弱龄时期在朝野中已经知名，然而他为达目的不择手段。如果事情一帆风顺，他还能够继续折腾，一旦遇到挫折，他就不知所措了。

《易传》中说："吉凶由人，祆不妄作。"隋炀帝有才无德，以一人之欲，让国家陷于混乱。正所谓："天作孽，犹可违；自作孽，不可活。"

唐宣宗李忱：沉迷于伪装无法自拔

会昌六年三月一日，武宗疾笃，遗诏立为皇太叔，权勾当军国政事。翌日，枢前即帝位，改今名，时年三十七。帝外晦而内朗，严重寡言，视瞻特异。幼时宫中以为不慧。十余岁时，遇重疾沈缀，忽有光辉烛身，蹶然而兴，正身拱揖，如对臣僚。乳媪以为心疾。穆宗视之，扶其背曰："此吾家英物，非心愈也。"赐以玉如意、御马、金带。

——《旧唐书·宣宗本纪》

846年春末，文武百官听说唐武宗的皇叔李忱要总管军国大事，个个愁容满面。谁都知道，这个三十七岁的男人，打小就是个不会说话、面无表情的傻子。大臣们猜测：这很可能是宦官们想出来的馊主意。

宦官专权，本来就是官员们深恶痛绝的一大痼疾。如今，宦官们竟然抬出一个傻子当傀儡，官员们怎么能不忧心如焚？

然而，让人意想不到的一幕出现了——"傻子"李忱在接见文武百官时，竟然满脸的悲哀之情。不是说此人从来都没有表情吗？

不仅如此，李忱在处理政务时，井井有条。不是说他不会说话，是个傻子吗？这是怎么回事？

01
深藏不露

李忱显然不是傻子。然而这么多年来他装傻充愣瞒过了所有人。

李忱是唐宪宗的第十三个儿子，母亲郑氏原是一位节度使的小妾。节度使谋反失败后，郑氏作为罪臣女眷，被充为后宫奴婢。后来，她被唐宪宗临幸，生了李忱。

李忱因为母亲出身低微，自小便饱受歧视。这让他不得不谨言慎行，小小年纪便把一切表情、话语隐藏了起来。

大家一起聚会游玩时，不管多么精彩的歌舞，多么美丽的风景，多么有趣的话题，他从未做出过回应，始终一声不吭。时间长了，大家都认为他是个傻子。

唐宪宗去世后，宪宗之子李恒即位，是为穆宗。穆宗之后，他的三个儿子先后即位，即敬宗、文宗、武宗。

李忱作为文宗、武宗等人的皇叔，不但没有得到尊重，反而因为不说话屡次遭到戏弄。文宗举行家宴时，竟然玩了这么一个游戏：谁能让李忱说话，重重有赏。

一时间，大家各显其能，百般逗弄、激怒，然而李忱始终面无表情，不发一言。谁也没有料到，他竟能将万千心思，悉数隐藏于平静的外表之下。

平心而论，李忱的不动声色，确实显示了他非凡的情绪处理能力。人生宝贵，何必和烂人纠缠呢？不如把精力放在充实自己上。所以李忱潜心研读儒家经典，闲时做做诗文，倒也自得其乐。这些习惯，他终生保持。只是命运和他开了个玩笑，他毫无预兆地被推上了皇帝的宝座。

唐朝后期，宦官专政，不但政事要插一脚，军权也要抓在手里。甚至连皇位的更替，都离不开宦官的参与。

那时，唐武宗已经病得十几天说不出话来了，宦官们便开始物色新的皇帝人选。他们想要一位励精图治的皇帝吗？不，那样的皇帝一定会打压他们。他们需要的，是一位听话的傀儡。而"傻子"李忱无疑是最合适的人选。

所以，官员们没有猜错：李忱的确是宦官们选择的。就这样，李忱稀里糊涂地被迎立为皇帝，成为唐宣宗。那些宦官们哪里能想到，这可不是一个提线木偶，而是一个阴狠狡诈、自卑而又虚荣的双面人。

02
变脸成性

　　李忱登基后，迅速撕掉了"傻子"这个伪装。这倒无可厚非，本来装傻也是迫不得已。但是李忱变脸之快，让大家难以接受。

　　当时的宰相李德裕功勋卓著，堪称一代名相。但李忱认为他权势过重，颇为忌惮。李忱登基当天，李德裕看了他一眼，他对左右的侍从说："李德裕一看我，我浑身汗毛都竖起来了！"

　　这可真是万万想不到。想当年，那么多人想尽办法逗弄他、嘲笑他、激怒他，他都岿然不动。如今李德裕看他一眼，他就汗毛直竖了。

　　然而，更让人吃惊的是，他以迅雷不及掩耳之势，在正式处理国事的第二天就把李德裕贬谪到了湖北。一时间，朝野震动。本来就对这位"傻子"刮目相看的众人，这一次几乎是被吓到了。

　　一个素有功劳的宰相，就这样被贬谪了。然而，更吓人的还在后面。李忱每次上朝时，都满面春风，对百官特别客气，好像招待贵宾一般；宰相上奏军政大事时，李忱又特别威严，没有一个人敢抬头看他。

　　直到上奏完毕，李忱忽然和颜悦色地说："来来来，我们聊会儿天吧！"于是东家长、西家短、街头笑话、巷尾趣事，乃至宫廷宴会、吃喝玩乐，全聊了个遍。

　　然而不一会儿，李忱又变脸了。只见他换上了面无表情的一张脸，严肃地对官员们说："你们要好好做事！我经常担心你们对不起我，要是那样的话，咱们可就难见面了。"所以宰相令狐绹曾经感慨："我当宰相十年，看起来位高权重。可每次向皇上上奏，都要出一身冷汗。"

　　不过，出冷汗总比没命强，不是每个人都像令狐绹那样幸运。《唐语林》和《续真陵遗事》都记载了这么一件事：有一年，有人向李忱进贡了一名绝色美女。一开始，他挺高兴。忽然有一天，他不开心了。

　　他念叨着："明皇宠幸一个杨贵妃，就导致了安史之乱。如今还没有天下太平，我怎么能重蹈覆辙呢？"旁边有人建议说："那就把这女子送走吧。"

　　可李忱说："送走我还会想念啊，不如给她一杯酒吧。"于是，这可怜的姑娘，就被灌下毒酒，丢了性命。仅仅因为自己难以抑制思念，就要置别人于死地，这未免太过阴狠。

　　也许是在当上皇帝之前，李忱伪装得太久了，当上皇帝后，他虽然很快撕下伪装，但是又时不时地把它套上，以致别人根本不知道他真实的心思到底是什么，也难以探测他人性的黑洞到底有多深。如此一来，君臣离心离德在所难免。

03

终生伪装

对于李忱来说，虽然当了皇帝以后不必再装傻。但是伪装的意识却深植内心，难以根除。李忱因为是以庶出皇子的身份登基的，加上他一直不满唐文宗、唐武宗等人对自己的歧视和戏弄，因此他不肯承认父亲唐宪宗之后这四朝的正统地位，总想把它们变成伪朝。为此，他开始了新一轮的伪装之路。

《唐语林》记载：李忱拜祭唐宪宗时，哭得鼻涕一把眼泪一把，旁边的人都不敢看他。至于为什么不敢看他，《唐语林》没说。但史料显示，宪宗去世时，李忱不过十一岁，未必能对父亲留下多深的印象。以李忱长期受欺负的情景来看，宪宗似乎并不宠爱李忱。况且，此时宪宗已经去世三十余年。综合种种情形来看，李忱的伤痛未免让人觉得有些夸张。而他之所以这么做，其实是为了显示自己和父亲感情深厚，宪宗当年应该传位给他才对。

当然，仅仅这一番哭丧表演是不行的。李忱在处理政事上，显示了与众不同的一点，那就是极力模仿父亲宪宗。在官员选拔上，他派人四处寻访父亲的老臣。当然，这些老臣多数都不在人世了。不要紧，把他们的子孙叫来。

就这样，李忱的重臣诸如令狐绹、韦宙、杜胜、韦澳等人，都是因为父辈为唐宪宗服务过而被破格提拔。他们中有些人确实

·

有能力，但是大多数人都是平庸之辈。况且他们在李忱身边战战兢兢，就算有能力也不敢完全施展。

让这些人治国，结果可想而知。然而，李忱乐此不疲。仿佛把自己这一朝伪装成宪宗一朝的样子，自己便真成了宪宗嫡传了。不仅如此，他还把自己伪装成从谏如流的唐太宗，找来了魏徵的五世孙魏謩来为自己服务。可惜伪装终究是伪装，魏謩最后恰恰因为直言敢谏被贬谪出京城。

表面上，李忱把自己伪装成从谏如流、一心为江山社稷考虑的样子；内心中，他对别人根本不信任，不肯把政务真正托付出去。大臣就不必说了，就连儿子，他也是不相信的。大臣们早就劝他册立太子，他却说："立了太子，我不就成闲人了！"弄得大臣们很是尴尬。

所以，李忱在位十三年，政绩平平。有些方面，甚至还不如武宗一朝。但是他伪装得实在太好了，导致史家对他的评价两极分化。有人说他是"小太宗"，有人说他不过是"县令之才"。

有意思的是，随着时间的流逝，后世对李忱的评价总体来说越来越差。也许是因为，当把一个人放在更长的时间维度上看时，才能发现他是否功在当代，惠及后世。客观来说，李忱执政时，勤俭节约，法度森严，但是能力平庸，勉强守成。李忱去世后，唐王朝迅速走向衰亡。某种程度上，整个李唐江山，因为李忱的伪装付出了不小的代价。

面具戴久了，就成了心灵的一部分。一颗时刻伪装的心灵，又如何能绽放出生命应有的光华？人这一生，不论走到哪里，都不应忘记——当初是为了什么而出发。只有不忘初心，才能走得更远、更长久。

宋太祖赵匡胤：不给部下黄袍加身的机会

> 有顷，诸将拥宰相范质等至，太祖见之，呜咽流涕曰：
> "违负天地，今至于此！"……质等相顾，计无从出，乃降阶
> 列拜。召文武百僚，至晡，班定。翰林承旨陶榖出周恭帝禅位
> 制书于袖中，宣徽使引太祖就庭，北面拜受已，乃掖太祖升崇
> 元殿，服衮冕，即皇帝位。
>
> ——《宋史·太祖本纪》

在历史长河中，改朝换代的方式有很多，但大多充满了流血
与牺牲。不过，也存在着个别例外。

960年，赵匡胤就以历史上少见的和平政变方式，完成了改
朝换代的大业。在有些人看来，"黄袍加身"的大戏似乎异常简
单，但这背后却离不开赵匡胤十年如一日的伪装。

01

拼死护驾，勇表忠心

史书载，927年的一天，从洛阳夹马营的一户人家散发出强烈的红光，伴随着一声声婴儿的啼哭，飘出阵阵异香。这个新生的婴儿正是赵匡胤。当时正值五代十国时期，自从唐朝覆灭以来，各地军阀割据，战乱不断。

常言道："时势造英雄。"也正是这纷乱的时势给了赵匡胤改天换地的机会。

赵匡胤为了有所作为，早年一直在外游历。有一次，赵匡胤在襄阳的一座小庙中落脚，庙中一位老和尚十分擅长看相占卜。他见赵匡胤虽衣着普通，但气宇轩昂，就告诉赵匡胤说："吾厚赆汝，北往则有遇矣。"

赵匡胤听从了老和尚的指点，前往北方。在北方，赵匡胤投在后汉枢密使郭威麾下，而后随其征战四方，屡立战功。郭威不仅给了胸怀大志的赵匡胤一个施展抱负的舞台，也给他上了重要的一课。

郭威在后汉朝廷德高望重，握有军权，因此受到了后汉皇帝的猜忌。但郭威率先发动兵变，建立后周。赵匡胤亲眼见证了郭威改朝换代的经过，从此明白了，只要手中有权有兵，自己也可以当皇帝。不过，他深知现在的自己并不强大，就算有雄心壮志，也要等待时机。

郭威做了三年皇帝就患病去世了，他的养子柴荣继承皇位。起初，赵匡胤对待柴荣像对待郭威一样忠心。

954年，北汉与契丹联军入侵，柴荣御驾亲征，史称"高平之战"。大战在即，柴荣的右军将领樊爱能与何徽贪生怕死，不战自溃，后周军局势十分危急。在此紧要关头，赵匡胤觉得是表现忠心的大好时机，他飞身上前挡在柴荣身前，振臂高呼："主上面临险境，我等当拼死一战！"再加上柴荣亲临督战，后周军士气大振，最终击溃北汉和契丹联军。

赵匡胤乘胜进攻，不幸左臂被乱箭射中。柴荣担心赵匡胤的安全，便停止了进攻。赵匡胤军前护主，奋勇杀敌让柴荣深受感动。回师后，赵匡胤便被任命为殿前都虞候，统辖皇帝的亲军，他也从此成为柴荣的亲信将领之一。

02
自导自演，黄袍加身

赵匡胤虽然是后周朝廷的高级将领，但这距离他称帝还很遥远。他还需要掌握更多的权力。柴荣的一次人事变动给了赵匡胤机会。当时柴荣正在进行北伐，他在众多文书中发现一块木板，上面写着"点检作天子"，这让柴荣惊惧莫名。

当时担任殿前都点检的是柴荣养父郭威的女婿、大将张永德。当初郭威并没有传位张永德，难道他现在要密谋篡权？这个想法在柴荣的心中不断发酵。在那个乱世，手握重兵的武将劫夺帝位已司空见惯。

尽管平日里张永德也算忠心耿耿，但柴荣还是做出了一个决定：免去张永德殿前都点检的职务，削去兵权。那让谁接替张永德呢？柴荣想到了既忠诚，又有能力的赵匡胤，让他做了殿前都点检。

之后没多久，柴荣就突发疾病去世了。现在的赵匡胤手中掌握兵马大权，跟当年的郭威也不遑多让。距离称帝，只剩一步之遥。由于即位的柴宗训年仅七岁，后周朝廷便由符太后垂帘听政，另由宰相范质等人主持朝政。

960年正月初一，京城开封正沉浸在春节的喜庆气氛之中。一则紧急军情却从边境传来——北汉与契丹联手入侵后周！虽然《宋史》中记录了此事，但《辽史》却对此事只字未提。不过赵匡胤是否谎报军情已不重要，重要的是后周朝廷如何应对。

符太后急召宰相范质等人商议。范质等人也没有核查入侵的消息是否属实，便让赵匡胤带着大军北上迎敌。也正是这次出兵，给了赵匡胤夺位的绝佳时机。

离开都城又手握重兵的赵匡胤如鱼得水，有条不紊地发动政变。为了使自己夺位名正言顺，赵匡胤还让人制造了许多舆论。其中，通晓天文占星的军校苗训的话最能煽动人心。

据《潞安府志》记载，苗训与赵匡胤很早就认识，二人私交甚笃。一天，苗训用手指着天空，对几个将领说："天上出现了两个太阳，看来有新皇当立啊。"他还对赵匡胤的亲信楚昭辅说："这就是天命啊！"

苗训煞有介事的一番话迅速在军中传开，将士们都认为赵匡胤正是新皇。这样一来，夺位之事也就水到渠成了。

赵匡胤的亲信见时机成熟，便将一件事先准备好的黄袍披在假装酒醉刚醒的赵匡胤身上，拥立他为帝。这时的赵匡胤心中窃喜，却还是装出一副被迫的样子说："我有号令，尔能从乎？"诸将皆表示"惟命"。

赵匡胤为了赢得人心，还表现出了"仁德"的一面，宣布道："太后、主上，吾皆北面事之，汝辈不得惊犯；大臣皆我比肩，不得侵凌；朝廷府库、士庶之家，不得侵掠。"如此一来，赵匡胤将自己的毫不知情、被迫无奈、顺从人心的情态表演得淋漓尽致。

就这样，原本还是禁军首领的赵匡胤，摇身一变，成了大宋开国之君。原本去防御外敌入侵的后周大军，也调转方向直奔后周京都开封而来。守备都城的将领石守信等人都是赵匡胤早就安排好的"义社兄弟"，得悉兵变成功后便打开城门接应。

赵匡胤兵不血刃就控制了开封，范质等人这才幡然醒悟，但已无可奈何，只得率百官听命。翰林学士陶穀拿出一篇事先准备好的禅位诏书，宣布柴宗训禅位。最终赵匡胤轻而易举地夺取了后周政权，建立了宋朝。

称帝后的赵匡胤也是言而有信，下旨厚待柴氏子孙，并赐柴氏"丹书铁券"，即使柴氏后人犯罪也不得加刑。

03

———————————

推杯换盏，收回兵权

建立宋朝的赵匡胤一直在思考着一个问题，如何使宋朝国运永昌。因为当时朝代更迭十分频繁，赵匡胤可不希望自己到最后竹篮打水一场空。为此，赵匡胤便向丞相赵普请教。赵普表示现在的将领"皆非统御才，恐不能制伏其下，万一军伍作孽，彼亦不得自由耳"。

《五代论》中有言："兵权所在，则随以兴，兵权所去，则随以亡。"赵普的一席话让赵匡胤恍然大悟。五代十国之所以更迭如此频繁，不正是军权不稳造成的吗？于是，稳定军权成了赵匡胤当下首先要解决的问题。那么，如何让自己的将领乖乖交出手里的军权呢？赵匡胤为此自导自演了一出苦情大戏。

一次晚朝后，赵匡胤把石守信等高级将领留下喝酒。酒兴正浓时，赵匡胤突然屏退侍从，面带愁容说："没有你们，我也坐不上这个位子，可坐着这个位子更是难上加难，总觉得还不如去做个节度使安心。我现在每天都睡不着觉啊。"

石守信等人惊骇地忙问其故，赵匡胤说："我这个位子，谁不想来坐一坐！你们虽然没有这个想法，但是如果手下有想要荣华富贵的人，一旦把黄袍加在你们身上，就算你不想干，也没办法了啊！"赵匡胤言外之意是说谁都觊觎皇帝之位，即使你们这些将军不想做皇帝，但你们的手下为了荣华富贵，有朝一日把黄袍也披在你们身上时，到时候做不做皇帝恐怕就由不得你们了。

这些将领知道已经受到皇帝猜疑，一时都惊恐地哭了起来，恳请赵匡胤给他们指明一条生路。赵匡胤缓缓说道："你们何不交出兵权，做个封疆大吏，多买一些良田美宅，为子孙立个长久之业，再多买些歌儿舞女，喝酒作乐颐养天年！"

石守信等人见赵匡胤已把话讲得很明白，再无回旋余地，只得俯首听命。第二天，石守信等人上表声称自己有病，纷纷要求解除兵权。赵匡胤欣然同意。赵匡胤推杯换盏之间，便解决了开国功勋拥兵自重的问题，没有动乱，没有流血，手段可谓高明。

清朝史学家赵翼曾评价赵匡胤："以忠厚开国，未尝戮一大将，然正当兴王之运，所至成功，固无事诛杀。"

历史上每次改朝换代，遭殃的都是百姓。然而，赵匡胤却能做到"百姓安居，市不易肆"。他虽有欺负"孤儿寡母"之嫌，却不乏安定天下万民之功。也许，这便是"宋祖"可以与"唐宗"相提并论的原因吧。

第四章　历史名臣

萧何：大汉开国的第一功臣

及高祖起为沛公，何尝为丞督事。沛公至咸阳，诸将皆争走金、帛、财物之府，分之，何独先入收秦丞相、御史律令图书藏之。沛公具知天下厄塞、户口多少、强弱处、民所疾苦者，以何得秦图书也。

——《汉书·萧何传》

汉高祖刘邦取得天下之后，封赏群臣，不顾众人反对，将从未上过战场的萧何，定为功劳第一。

周恩来曾评价萧何："刘邦百战百败，却屡败屡起，靠的就是萧何为他当宰相，经营关中作他的根据地，要人有人，要钱有钱，要粮有粮。项羽百战百胜，却经不起一败；一败涂地，一败就亡，原因之一是没有萧何这样的宰相。"

01

独具慧眼，深入谋划

秦朝末年，朝廷大兴土木，劳民伤财。这一天，沛县泗水亭长刘邦奉命将要押送一批囚犯前往骊山服役。临别时，官员们都奉送他三百钱，唯独一位颇有才干的官吏萧何，送了刘邦五百钱。

比起刘邦在沛县的其他好友，如屠夫樊哙、狱吏曹参等人，唯萧何对刘邦格外亲厚。不久后，刘邦因放走服役的囚犯，被迫逃亡到芒砀山，萧何不仅为他救出下狱的妻子，还在沛县县衙周旋，为刘邦占领沛县打下基础。

那时的萧何其实有更好的选择，他在官吏考核中取得第一，秦朝御史已经打算入朝进言，征调萧何，而他却一再辞谢，坚决留在沛县。加官晋爵没能让萧何动心，因为他对天下大势有清醒的判断。萧何早已看出秦朝衰落，也认准刘邦气宇轩昂，绝非池中之物。他在耐心等待一个历史性的大机遇，因此坚定地站在一无所有的刘邦身后。

在纷繁复杂的世界里，有时不仅需要判断局势的智慧，更需要自信和勇气坚持自己正确的判断。不久之后，天下果然大乱，陈胜吴广揭竿而起。楚怀王熊心与刘邦、项羽相约，谁先入关中，谁为关中王。刘邦在谋士张良、萧何的辅佐下，迅速西进，率先进入关中。

当刘邦面对咸阳所藏之珍宝美女、奢华宫室眼花缭乱、沉迷其中之时（后来经樊哙、张良劝阻，刘邦才醒悟），萧何却独自赶往大秦的丞相府、御史府。萧何搜出律令、图书，分门别类，连夜整理收藏。美女与财宝在他心中，远不如这些东西重要。

《汉书》中说，刘邦能够知道全国山川险要、郡县户口、民间疾苦，完全有赖于萧何得到秦朝的律令、图书。未来楚汉争霸的胜局和西汉政权的建立稳固，也有这些律令、图书的重大功劳。

萧何能以一双慧眼辨明轻重缓急，得益于他总是从大局出发深入谋划。一个人目光长远，才能做好眼前的事。

02

识才荐才，建功立业

没过多久，项羽率军入关，自封西楚霸王。刘邦被封汉王，封地在偏远荒僻的巴蜀。入蜀后，刘邦封萧何为丞相。萧何继续以他独特的政治眼光，为刘邦挖掘重要的人才资源。

当时从楚营投诚到汉军中的韩信，被刘邦任用为管理粮草的小官。身居高位的萧何，没有因韩信毫不起眼的官职而轻视他，当他发现韩信胆识过人，深通兵法，便多次向刘邦举荐，却没有得到刘邦重视。

几个月后，不少将士因思念家乡，不愿驻扎在蜀地而逃亡。不受重视的韩信，也决定趁机离开。萧何得知后，连忙放下公务，冒着自身被怀疑出逃的风险，星夜追赶韩信，劝服他回到汉军当中。又使尽浑身解数，让刘邦以隆重的礼仪，在众目睽睽之下，为韩信举行拜将仪式。

后来的韩信，暗度陈仓、破魏平赵、收燕伐齐，更在垓下全歼项羽军队，一举灭楚，这背后，岂能没有萧何当初举荐之功？

汉高帝二年（前205年），刘邦被困于彭城，于险境中带着仅剩的十几骑残兵败将逃回荥阳。全靠萧何及时征兵增援刘邦，他才撑到与韩信会师，重整旗鼓。其后好几次战役中，刘邦都曾弃军逃跑，每次都依赖萧何为他补充兵力与粮草，转危为安。

刘邦后来说："镇国家，抚百姓，给饷馈，不绝粮道，吾不如萧何。"这是对萧何功绩中肯的评价。项羽被灭，天下平定，论功行赏之时，群臣争功一年有余，而刘邦认为萧何功劳最卓著。

有功臣不服地说："我们身披战甲，手执兵器，亲自参加战斗，多的身经百战，少的交锋十余合，攻占城池，夺取地盘，建立了大小不等的战功。萧何没有这样的汗马功劳，只是舞文弄墨、发发议论，从不参加战斗，封赏反倒在我们之上，这是为什么？"

刘邦回答说："诸位懂得打猎吗？打猎时，追咬野兽的是猎狗，但发现野兽踪迹，指出野兽所在的是猎人。而今大家仅能捉到野兽而已，功劳不过像猎狗。至于萧何，发现野兽踪迹，指明猎取目标，功劳如同猎人。"

萧何虽无战场功勋，而他在军事后勤与治国安邦上却做到了出类拔萃。并非只有战场厮杀被人铭记，稳固大后方建下的赫赫功劳，同样能让刘邦力排众议，为他定下功居第一。

03
为求自保，自污名声

自古以来，开国功臣在天下初定时，往往面临着极为危险的处境。政绩斐然的萧何，也多次面临刘邦的猜忌。

当年楚汉相争时，萧何镇守关中，刘邦就常常派人从前线到后方，专程"慰劳"萧何。萧何捕捉到刘邦的疑心后，狠心派遣族中十多位子侄兄弟上前线效力，一方面有作为人质的意思，一方面表明忠心，这才打消刘邦顾虑。

后来天下平定，萧何的政治功绩更加卓越，名声也更加显赫。当陈豨谋反，刘邦亲征之时，传言韩信有谋反之事。为了撇清自身嫌疑，萧何不得不违背本心，帮助吕后设计捕杀韩信，这便是后世所谓"成也萧何，败也萧何"。

刘邦在外听说韩信被杀，派遣使者拜萧何为相国，加封五千户，又赐给他五百士卒卫队。萧何不敢接受封赏，并且将全部家资尽数拿出，捐给军队，以此取悦刘邦。

后来黥布反叛，刘邦再次亲征，同时不断派人回都城查看萧何在做什么。萧何像之前一样，拿出全部家产资助军队，他的门人却说这样做已经不足够，还需要自污名声，如以低价、赊借等手段从百姓手中强制购买田地，只有老百姓对萧何有怨言，他才够安全。

刘邦出征归来遇到百姓上书，告发相国强买百姓田地房屋，他内心是高兴的。但即便萧何已经如此谨小慎微，刘邦还是在萧何提出将废弃不用的皇家园林分给百姓耕种时，故意污蔑萧何是收受贿赂图谋皇家园林，将萧何下狱，还给花甲之年的萧何上了刑。

萧何因耀眼的政治才能，曾经可做刘邦的左膀右臂，而今天下已定，耀眼的光辉就变得有几分刺眼。纵然萧何一次次退让，牺牲家财，违背道义，自污名声，但在刘邦眼里，只要萧何身处高位，便总是一种威胁。聪明如萧何，终究没能如张良般急流勇退，张良从论功行赏时，就拒绝自挑封邑的殊荣，后来远离朝廷，一心修道。

萧何虽被释放，却从此失去刘邦的信任，无法过问政事。直到刘邦过世后，在汉惠帝刘盈的重用下，年迈的萧何才重新为政。他亲自制定汉朝律法九章，为汉初社会安定、恢复经济奠定了重要基础。他的继任者曹参，一切公务遵循萧何旧章，一字不改，便政通人和，国泰民安。这便是脍炙人口的"萧规曹随"，也足见萧何的安邦之才。

司马迁评论萧何："位冠群臣，声施后世。"这位勤不告劳的贤相，对刘姓江山俯仰无愧。

稍有遗憾的，便是他一生兢兢业业，晚年却过得战战兢兢。有时候，当拥有与执着影响了生活，或许放手也是一种智慧。得到多少不是成功的唯一标准，重要的是此生的体验与经历。看淡得失，才会更加从容。

陈平："盗嫂昧金"的传奇丞相

> 太史公曰：陈丞相平少时，本好黄帝、老子之术。方其割肉俎上之时，其意固已远矣。倾侧扰攘楚魏之间，卒归高帝。常出奇计，救纷纠之难，振国家之患。及吕后时，事多故矣，然平竟自脱，定宗庙，以荣名终，称贤相，岂不善始善终哉！非知谋孰能当此者乎？
>
> ——《史记·陈丞相世家》

西汉文帝时期，某日朝会。汉文帝突然向右丞相周勃询问"国家判决案件数量以及钱粮收支情况"，这事情本不是周勃负责，他又怎会得知，如今皇帝问及，他也只能连连摇头，表示不知。汉文帝不高兴地看了他一眼，然后又转向了左丞相陈平，意思是让他来回答。

陈平会意，说道："案件数量的问题，陛下可以问廷尉；钱粮收支的问题，陛下可以问治粟内史。"汉文帝接着问："这些有主事的，那你主什么？"陈平答道："丞相的责任是辅佐皇帝，外镇抚四夷诸侯，内亲附百姓，使卿大夫各尽其职。"陈平寥寥数语，便反客为主，既为自己的"不知"找到了合理的借口，同时也让汉文帝心悦诚服。

"有急智，擅机变"，这就是陈平的"拿手绝技"。陈平这一生三易其主，六出奇计，历仕高祖、惠帝、吕后、文帝四朝而不倒，可谓政坛常青树，官场不倒翁，他缔造了一个属于自己的传奇人生。

01

逃不掉的"污点"

陈平少年时期家里面很贫穷，但他却有鸿鹄之志，尤其喜欢黄帝、老子的学说。他的大哥陈伯见此，便毫无怨言地承担起了劳作之事，好让陈平去游学增长见识。但这让他的嫂子颇为不悦，经常发牢骚："哼！你这个兄弟也就是游手好闲的货，还不如没有的好！"结果，陈伯二话不说，直接将老婆休了。

陈平与哥哥休妻没有关系，但街坊四邻人多口杂，以讹传讹。后来事情被传成了陈伯休妻是因为发现了弟弟陈平盗嫂。这也成了陈平一生的"污点"。

陈平面对突如其来的污蔑并没有在意，他深知与其越辩越黑，不如沉默是金。他继续苦读，期待着有朝一日一展所学。

一年，正逢社祭，人们想到了学业有成的陈平，便推荐他做社庙里的社宰，主持祭祀社神，为大家分肉。秦汉时期，百姓为了祈祷五谷丰登，逐渐形成了社祭的风俗。社祭通常由当地有一定声望的人来主持，此人除主持祭祀社神之外，还有一项很重要的工作——为乡民们分肉。

在那个时代，老百姓吃肉很少见，《礼记·王制》记载："诸侯无故不杀牛，大夫无故不杀羊，士无故不杀犬豕，庶人无故不食珍。"这肉如果分配不公，很容易引起纠纷，但陈平把肉分得十分公平，父老乡亲们纷纷赞扬他说："陈平这孩子分祭肉，分得真好，太称职了！"陈平却感慨地说："假使我陈平能有机会治理天下，也能像分肉一样称职。"

虽然陈平得到了乡里乡亲的一致称赞，但是大家对他还是一如既往的冷漠。等到陈平到了娶妻的年纪，"富人莫肯与者，贫者平亦耻之"。最后只有一个叫张负的富商肯将自己的孙女许配给陈平，这还是因为他的孙女先后嫁了五次人，丈夫都死了，已经没有人再敢娶她。

可陈平并不在意，最后将张家孙女娶回了家。然而在乡亲们的眼中，陈平却成了一个昧金的好利之徒，大家都认为他是因为贪图钱财才选择张家孙女。陈平依旧保持沉默，这也成了陈平人生的转折点，他不仅没有像妻子的五位前夫早早离世，反而积攒了大量财富，交了不少朋友。

02

乱世择主而事

时间来到前209年，中国历史上第一次大规模的农民起义——大泽乡起义爆发。陈胜揭竿而起，并立魏咎为魏王。不甘平庸的陈平望风而动，他辞别兄长投奔到魏王咎的麾下，希望做一番大事。

遗憾的是，魏王不是个明主，他听不进陈平的进言，却相信别人说陈平的坏话。面对这样的尴尬局面，陈平并没有进一步向魏王谏言，也没有对别人的坏话进行辩解，而是悄悄离开了魏王，投奔项羽。然而陈平在项羽处也没有得到重用，还受到了项羽的迁怒。

前205年，殷王司马卬背楚降汉，项羽迁怒于陈平。陈平觉得自己成了受气包，指不定哪一天项羽还会杀他。于是他挂印封金，悄悄离开了，前去投奔自己的好友、刘邦的手下魏无知。

陈平马不停蹄地逃到了黄河边，请船夫送他过河。陈平上了船，这个船夫就一直盯着他。陈平心想，船夫看我长得相貌堂堂，可能以为我是身上带着珠宝逃亡的大官，怕不是想图财害命。

为了保全自己的性命，陈平马上脱了衣服，扔在船上，光着上身来帮船夫划船。船夫看他腰间什么也没有，衣服掉在船上也没有什么声音，知道他身上什么贵重东西都没有，也就打消了加害他的念头。一场凶险，竟被他轻而易举地化解了。

陈平经魏无知推荐，得以见到刘邦。两人一见如故，纵论天下大事，十分投机。刘邦破例任陈平为都尉，命他监护三军。陈平这个外来户一下子坐上了"直升机"，引起了军中许多将领的不满。周勃、灌婴等人都说他品行不端，"盗嫂昧金"，认为这种人不能信任重用。

见众人都这么说，刘邦将信将疑，召来陈平问道："听说你原来是帮助魏王的，后来离开魏王去帮助楚霸王，现在又来帮助我，这怎么不让别人怀疑你的信义呢？"

陈平不紧不慢地回答道："我侍奉魏王，魏王不能用我，我离开他去帮助项羽，项羽也不信任我，我久慕大王善于用人，所以才来归附大王。我虽然还是我，但用我的人可不一样了。"

寥寥数语就让刘邦的疑虑顿消，对陈平好感倍增，提升他为护军中尉，专门监督诸将。从此，陈平迎来了他大展宏图的机会。

03
屡献奇计

来到刘邦身边的陈平可以说是如鱼得水，他多次献计，帮助刘邦化险为夷。

司马迁在《史记》中记载："凡六出奇计，辄益邑，凡六益封。奇计或颇秘，世莫能闻也。"意思是他一共出过六次奇计，为此每次都增加了封邑，一共增封了六次，奇计有的颇为隐秘，无人得知。可以说，没有陈平，刘邦的命运凶多吉少，大汉王朝也是吉凶难测。

前203年，楚汉战争到了最激烈的时刻。刘邦被项羽围困在荥阳城内达一年之久，并被断绝了外援和粮道。这时，陈平献计，让刘邦花黄金买通楚军的一些将领，让这些人散布谣言说："在项王的军队里，范增和钟离眛的功劳最大，但却不能裂土称王。他们已经和汉王刘邦约定好了，共同消灭项羽。"

这些话传到项羽耳朵里，项羽果然起了疑心，以后有重大的事情不再跟钟离眛商量了。

接着，陈平趁项羽遣使说降之际，用不同的待遇接待使臣，借机羞辱项羽赞美范增，以此离间项羽和范增的关系。最终导致项羽怀疑范增，范增深知项羽已不再信任自己，便主动请辞，告老还乡。结果还没回到老家，便因"疽发背而死"。范增一死，项羽团队里基本没有能够帮助其出谋划策的人物了，项羽的覆灭也就指日可待了。

为了从荥阳突围，刘邦听从了陈平的计策，让女子从城东门鱼贯而出。项羽的将士哪见过这阵势啊，战场上全是美女，都看傻眼了，陈平则趁乱和刘邦等人一起从城西门逃跑了！

后来，陈平在"白登之围"中再次献计助刘邦脱困。前201

年，韩王信勾结匈奴企图攻打太原，刘邦亲自率领三十万大军迎击匈奴。刘邦错估形势，中了匈奴统帅冒顿单于诱敌深入之计，被匈奴四十万大军围困于山西北部的白登山，时间长达七天七夜。刘邦已近乎绝望了，但陈平没有灰心丧气。

陈平发现冒顿单于对妃子阏氏十分宠爱，经常和阏氏一起骑马，浅笑低语，情深意笃。于是陈平向刘邦献计，派遣使臣送给阏氏许多金银珠宝，恳求其说服单于撤兵，最终解了白登之围，使得汉朝大军得以保全。

几年后，刘邦去世，吕后专权。在吕家外戚把持朝政的年月里，精明到家的陈平，一度在好些人眼里，成了归附吕家的墙头草。甚至到吕后破坏"白马盟"、要封吕姓子弟为王时，陈平也成了赞同者。但就是在这段明哲保身的时光里，陈平默默布局，终于在吕后病故后，成功策动了"周勃夺军"事件，以尽可能和平的方式，消解了一场险些断送汉王朝的大乱。然后又力主代王刘恒进京继位，即汉文帝。

后来那段辉煌的盛世文景之治，陈平就是重要的开启者。迎立文帝后，陈平觉得周勃的功劳更大，将右丞相的职位让与周勃。这也就出现了前文中汉文帝与陈平对话的一幕。事后，周勃很惭愧，觉得自己的能力远远不如陈平，于是称病辞去相位，而陈平也成了大汉王朝唯一的丞相。

陈平的名字听起来"平平无奇"，但他的人生却很不平凡。负污辱之名，有见笑之耻，却能成就大业，声著千载，可谓智虑深远。陈平用他随机应变的处世智慧，打破了鸟尽弓藏、兔死狗烹的功臣"魔咒"，躲过了一次又一次的灾难。或许，当他"割肉俎上"之时，就已经想到了未来的走向。

防患于未然，治病于未萌，这便是陈平立于不败之地的"常青之道"，也是陈平的传奇之处。

荀彧：身在曹营心在汉

永汉元年，举孝廉，拜守宫令。董卓之乱，求出补吏。除亢父令，遂弃官归，谓父老曰："颍川，四战之地也，天下有变，常为兵冲，宜亟去之，无久留。"乡人多怀土犹豫，会冀州牧同郡韩馥遣骑迎之，莫有随者，彧独将宗族至冀州。而袁绍已夺馥位，待彧以上宾之礼。彧弟谌及同郡辛评、郭图，皆为绍所任。彧度绍终不能成大事，时太祖为奋武将军，在东郡。初平二年，彧去绍从太祖。太祖大悦曰："吾之子房也。"

——《三国志·荀彧传》

他，是曹操的首席谋士，与曹操共事二十余年，深受器重。奇怪的是，他却在天命之年与曹操"反目"。他为什么要这样做？他为什么会被称为"汉朝最后的忠臣"？

01

慧眼识人

荀彧，字文若，颍川颍阴（今河南许昌）人，智慧超群，少有才名。他出身于东汉名门，家学渊源。爷爷荀淑，非常有名，号为神君。父亲及叔伯八人也都个个不凡，时人称为"八龙"。

当时的南阳名士何颙见到荀彧后，大为惊异，称赞他有"王佐之才"。只是当时的东汉王朝已经处于风雨飘摇之际。"十常侍之乱"爆发，大将军何进被杀，拥兵入京的董卓趁机把持朝政。

初入仕途的荀彧意识到情况不妙，便弃官还乡。但荀彧心系汉室，一心以匡扶汉室为己任。

荀彧的家乡许昌是个四面受敌、容易爆发战争的地方。他返乡后一边劝告父老乡亲外出避难，一边带着亲戚们前往冀州。已经占领冀州的袁绍见荀彧来，以上宾之礼相待。

袁绍父祖"四世三公"，门第显赫。然而荀彧在冀州待了一段时间，觉得袁绍不是能成就大事的人。他听说曹操雄才大略，于是离开袁绍，转投曹操。彼时的曹操正处于人生低谷，势单力薄。曹操散尽家财，在陈留一带招兵买马。曹操见荀彧来了，和他交谈了一会儿后说："先生就是我的张子房（即张良）啊。"

从此，荀彧正式成为曹操帐下的谋士，开启了他长达二十多年的辅佐之路。智谋无双的荀彧和雄才大略的曹操注定要在乱世中发出耀眼的光芒。

02

有胆有谋

自荀彧到来，曹操好运不断。一次，青州的黄巾军向曹操投诚。投诚的士兵有二十多万。曹操挑选精锐，组建了自己的第一支"嫡系部队"——青州兵。

人才方面，荀彧先后举荐了荀攸、郭嘉、陈群、钟繇等人，为曹操组建了一个强大的"智囊团"。两人分工明确，曹操在前方征讨，荀彧留守后方。征伐期间，曹操拿不定主意时，通常会寄书信来询问荀彧。

一次，曹操率主力南下征讨徐州的陶谦，留荀彧镇守他们的根据地鄄城。这时，陈宫和张邈联合吕布来攻占曹操的地盘。兖州一带的官员几乎都投降了吕布，只剩下三座城池还在曹操的掌握之中。

荀彧深知局势危急，这三座城池若守不住，曹操征讨徐州一旦失败，届时他们将无立锥之地。那离自己平定叛乱、恢复汉室一统的理想又远了一步。荀彧和程昱商量，请程昱出去安定另外两座城池，自己和夏侯惇守在鄄城。

这时候，豫州刺史郭贡率领大军来攻鄄城，形成围攻之势，情况十分危急。郭贡提出让荀彧出来跟他见一面。荀彧慨然应允，夏侯惇反对，并劝荀彧："郭贡来者不善，此去如羊入虎口。你是一州之镇守，身担要职，不可轻易犯险。"

荀彧分析道："郭贡和张邈、吕布平时没有来往，可见并非合谋同伙。他突然带兵前来，只不过是乘着兖州有变，前来探探虚实，企图浑水摸鱼。如果试探出我们内部空虚，他就会放胆行动；如果我们坦然前往，他反而可能心生怯意，不敢贸然进犯。"

于是，荀彧一个人出城去见郭贡，一番交谈之后，郭贡引兵而去。荀彧的谋略和胆识，可见一斑。

03

迎奉天子

董卓死后，他的部将李傕、郭汜又挟持了汉献帝，后来二人反目，发生内斗。汉献帝趁乱出逃，历经千辛万苦，从河东逃到洛阳。期间，献帝派人向各地诸侯求救。袁绍收到消息后，主臣聚在一起商议。谋臣沮授说："挟天子而令诸侯，畜士马以讨不庭。"但其他谋臣反对，认为现在的皇帝毫无用处，接天子容易，但接来后，朝拜与否，是否听令天子，十分为难。袁绍正迟疑的时候，曹操却抢先一步。

本来，曹操对迎奉献帝到许昌有些犹豫，但荀彧力主曹操迎奉献帝。荀彧向曹操提出了著名的"三大纲领"："奉主上以从民望，大顺也。秉至公以服雄杰，大略也。扶弘义以至英俊，大德也。"尊奉天子，是顺应民心，可让天下英雄臣服，是正义之举。

曹操采纳了荀彧的建议，亲率大军抵达洛阳，迎献帝迁都许县。曹操还将自己的行辕腾了出来，作为汉献帝的行宫，极尽人臣的礼仪。汉献帝感动不已，封曹操为大将军。

从此，尊奉天子的曹操拿到了绝佳的牌面，在政治上立于不败之地。其实，荀彧的"三大纲领"不仅是谋略，更是荀彧一直坚持的道德和正义，是始终不变的对汉室的忠诚。

04

四胜四败论

有了荀彧制定的战略计划，曹操在前方一路征讨，势力不断壮大。当时唯一能与曹操一较高下的，只有袁绍。

官渡之战前，曹操为自己能否战胜袁绍而苦恼。荀彧总结了曹操的四大优点和袁绍的四大缺点：袁绍表面宽和但内心猜忌，用人却疑其心；曹公您明达不拘小节，任才用贤，这是度量之胜。袁绍做事迟疑，不够果断；您能断大事，应变有方，这是谋略之胜。袁绍治军不严，法令不立；您法令既明，赏罚分明，这是武力之胜。袁绍凭家世起业，沽名钓誉；您以至诚待人，行己谨俭，这是品德之胜。

这就是著名的四胜四败论，《三国演义》中演变成了十胜十败，而且是由郭嘉提出，大谬也。

荀彧最后说道："您以这四胜辅佐天子，匡扶正义，征伐不臣，谁敢不从？袁绍虽强其何能为！"曹操听完大悦，信心倍增。每次征战在外，关于军国大事，曹操都与荀彧商量筹谋，以期克敌制胜。

曹操十分器重荀彧，对他信任有加，还将女儿嫁给了他的儿子。仕途上，荀彧官至侍中，守尚书令，食邑两千户。曹操还想提拔他，但都被他拒绝。功名利禄、荣华富贵，荀彧都得到了，他做到了世俗意义上的成功。不出意外，他将在荣光中走完一生。

05
忠心不改

212年，曹操手下的董昭私下找到荀彧，商讨上疏为曹操晋爵魏公、加封九锡一事。说是商讨，其实是希望荀彧能领头向天子上疏。如果晋封魏公，建立魏国，那相当于曹操建立一个"国中之国"。到时曹操与天子的关系将发生本质的变化，不再是君臣关系，而是国与国的关系。这是一直以兴复汉室为己任的荀彧万万不能接受的。

以荀彧之聪明，他不会不知道曹操的态度是什么，等待他的将会是什么。但他还是坚定地表明了自己的态度，认为曹操"本兴义兵以匡朝宁国，秉忠贞之诚，守退让之实，君子爱人以德，不宜如此"。董昭将这番话转告给曹操，曹操十分生气。

当时曹操正要南征孙权，他让荀彧来谯县劳军，请他做参谋，不让他回朝。曹操此举，实际上是借机把他扣留起来，解除他尚书令的职务。走到寿春的时候，荀彧一病不起，很快就去世了，当时他才五十岁。据《三国志》记载，荀彧是在忧心忡忡中病逝的。而据《后汉书》记载，曹操派人给荀彧送来一个食盒。荀彧打开一看，空空如也，于是自尽。

历史的真相不得而知，但可以确定的是：荀彧怀独见之照，存救世之心，轻富贵如浮云，渺名利如粪土，无愧忠臣之名。司马懿高度评价荀彧："近百十年来，我见过的贤人，没有能比得过荀彧的。"人固有一死，或重于泰山，或轻于鸿毛。荀彧虽死，但他忠骨不朽，忠义永留后人心间。

魏徵：唐太宗的一面镜子

君臣之际，顾不难哉！以徵之忠，而李世民之睿，身殁未几，猜谮遽行。始，徵之谏，累数十余万言，至君子小人，未尝不反复为帝言之，以佞邪之乱忠也。久犹不免。故曰："皓皓者易污，峣峣者难全"，自古所叹云。唐柳芳称"徵死，知不知莫不恨惜，以为三代遗直"。谅哉！谟之论议挺挺，有祖风烈，《诗》所谓"是以似之"者欤！

——《新唐书·魏徵列传》

唐太宗时期，最有名的大臣是谁？大家自然会想到魏徵，他是中国古代谏臣的楷模。魏徵与唐太宗"君明臣直"的形象，更是一度成为一种政治符号。魏徵一生不做"忠臣"做"谏臣"，究竟是魏徵成就了唐太宗，还是唐太宗成就了魏徵？

01

不停换平台

魏徵生于农民起义风起云涌的隋末，他并非出身名门望族，而是一介寒士。《北史》中记载，魏徵父亲魏长贤一生未当过大官，但他"博涉经史"，也正是受父亲影响，魏徵自幼酷爱读书。

617年，魏徵凭借出色的公文被瓦岗军首领李密相中，之后他上书"西取魏郡，南取黎阳"的计策，帮助李密夺取了中原三大粮仓。后来李密被击败，魏徵降唐，效力于李渊。他曾主动请缨平定山东，仅用了一纸书信就招降了李勣。后来魏徵又被起义军首领窦建德俘获，当起了夏王的起居舍人。

窦建德失败后，魏徵再次投唐，太子李建成任命他为太子洗马。魏徵数次易主，现在才真正开始职业谋士的生涯。魏徵曾多次劝说太子李建成先发制人，及早除掉当时还是秦王的李世民。然而"玄武门之变"后，李世民坐上帝王宝座。

李世民为了消除自己因杀兄事件而受到的诟病，同时也为了巩固国力，决定重用李建成的旧臣。魏徵本是太子李建成的幕僚，如今李建成已死，他急需另择新主施展自己的才华。

很快，唐太宗将魏徵收于麾下，并稳定了政局，为大唐开创贞观之治奠定了基础。

02

皇帝的镜子

史书中记载贞观朝前三年都有大灾："元年，关中饥，米斗直绢一匹；二年，天下蝗；三年，大水。"在这样的情况下，唐太宗主动提出"纳谏"："人欲自照，必须明镜；主欲知过，必借忠臣。"一国之主要想知道自己的过失，一定要借助于忠臣的谏言。

虚心纳谏的君王在帝制时代是十分难得的，敢直言进谏的大臣也并不多见，特别是面对一个颇有威严的皇帝。《贞观政要》中记载："太宗威容俨肃，百僚进见者，皆失其举措。"李世民长相比较严肃，这无疑给进谏的文武百官增加了不小的压力。

据史料记载，李世民登基之初，就如何治理国家，群臣意见不一。唐太宗曾想"或欲耀兵振武，慑服四夷"。魏徵却尽力劝谏，大乱之后应当轻徭薄赋、与民休养。

当时朝廷确实需要实行无为而治的政策，所以尽管魏徵所提的方针并无多少新奇之处，却收到了很好的效果。正因如此，才有贞观四年（630年）时"东至于海，南及五岭，皆外户不闭，行旅不赍粮，取给于道路焉"。周边的少数民族都来大唐朝拜，唐太宗说："此皆魏徵之力也。"

魏徵死后，唐太宗曾对左右侍臣说："以铜为镜，可以正衣冠，以古为镜，可以知兴替；以人为镜，可以明得失。……今魏徵殂逝，朕亡一镜矣！"

一个直言进谏，一个虚心纳谏。魏徵就这样成了唐太宗的一面镜子，历史上也留下了"镜子君臣"的美谈。

03

犯颜直谏，国之良臣

魏徵的敢于直谏是出了名的。贞观一朝，小到皇帝纳妃，大到两国开战，他都少不了进谏。他向唐太宗面陈谏议达五十多次，呈送奏疏十一件，一生的谏诤更是多达十余万言。魏徵虽然没有成为殉主（指李建成）的忠臣，但他却是明君的谏臣。

《旧唐书》说魏徵："好读书，多所通涉。"所以他在劝谏皇帝时经常引经据典，也很擅长譬喻，唐太宗也愿意听他的话。唐太宗曾想封禅，魏徵这样劝谏："今有人十年长患瘵，治且愈，此人应皮骨仅存，便欲使负一石米，日行百里，必不可得。"大唐如大病初愈只剩皮包骨头的人，你却让他背一石米日行百里，这肯定是不行的。

还有一次，唐太宗要违背"男子二十岁当兵"的祖制，让十八岁以上身体强壮的男子都服兵役。魏徵语重心长地说：把河水放光就能捕到很多鱼，但明年就没有鱼了；如果十八岁以上强壮的男子都被征兵，国家的税赋徭役怎么办呢？

魏徵还擅长用比兴的手法，他从树木、河流的自然规律谈到治国："臣闻求木之长者，必固其根本；欲流之远者，必浚其泉源；思国之安者，必积其德义。"

魏徵的进谏，太宗并非每次都能接受。太宗曾说："魏徵每次都在满朝文武面前辱我，使我常常很不自由。"一次，魏徵向太宗进言，坚持朝廷应以礼义治国。魏徵的言辞很犀利，触怒了太宗。太宗拒不接受，魏徵也不再坚持。当然魏徵心里清楚，太宗只是一时想不开。

《资治通鉴》中记载，唐太宗曾说："人言魏徵举止疏慢，我视之更觉妩媚，正为此耳！"在唐太宗看来魏徵更像是一个稚气未脱的小孩子。唐太宗对魏徵是感激的，也深知他对江山社稷的功劳。太宗说："贞观之后，尽心于我，献纳忠说，安国利人，成我今日功业，为天下所称者，惟魏徵而已。"

04
去世之后

贞观十六年（642年），魏徵生病，唐太宗亲自上门探望，并许诺将衡山公主许配给魏徵的儿子。贞观十七年（643年），魏徵病重不治而逝，太宗想厚葬魏徵，但魏徵的妻子以魏徵生平生活简朴，豪华的葬礼不是亡者之志为由拒绝。

魏徵出殡那天，太宗下诏太子致祭，百官一起为魏徵送殡至郊外。哀荣极盛。唐太宗不仅亲自为魏徵撰写碑文，还将其葬于离自己陵寝昭陵最近的地方。

原以为一代君臣关系会就此画上一个圆满的句号，不料他们的故事还没有结束。魏徵死后不久，他生前曾大力举荐过的杜正伦和侯君集因参与太子李承乾造反，一个被流放，一个下狱被杀。因此，唐太宗迁怒于魏徵。魏徵身前曾把自己所有的谏言让史官记载到国史中，这让太宗怀疑魏徵居心叵测。盛怒之下的唐太宗取消了衡山公主与魏家的婚事，并且下令推倒了自己曾亲笔为魏徵书写的墓碑。

魏徵去世的第二年，唐太宗发动的对高丽的战争失败。返京的路上，悔恨交加的他不禁感慨，如果魏徵在世，自己就不会如此鲁莽地发动这场劳民伤财的战争。后来太宗把之前推倒的碑重新立了起来。贞观十九年（645年），唐太宗祭奠魏徵，魏徵也赢得了大唐最尊贵的谥号：文贞。

曾经看过一句话："世界上没有比说真心话更困难的事，但也没有比阿谀奉承更容易的事。"谎言悦耳，人人都喜欢；真话戳心，人人都厌恶。成年人的世界里有太多的曲意逢迎，但是只有敢说真话的那个人，才能让我们成长。漫漫人生路，如果遇到那个敢说真话的人，请深交一辈子。

寇准：性格决定仕途

太宗取人，多临轩顾问，年少者往往罢去。或教准增年，答曰："准方进取，可欺君邪？"……尝奏事殿中，语不合，帝怒起，准辄引帝衣，令帝复坐，事决乃退。上由是嘉之，曰："朕得寇准，犹文皇之得魏微也。"

——《宋史·寇准传》

在家喻户晓的杨家将故事中，有这样一位名臣：他机智，善良，刚正不阿，然而历史中的他，却堪称两宋时期最有争议的大臣之一。他不到三十岁就进入朝廷最高决策层，却几度罢相，数遭贬谪。几乎每次受挫，都和他的性格有关。他，就是寇准。

01

刚正耿直，成就股肱之臣

寇准天资聪明，十九岁就高中进士。对他来说这是令人高

兴的大事，但当时的宋太宗喜欢老成持重的人，对"年少者往往
罢去"。这可怎么办呢？有人就给寇准出主意，说你把年龄改大
不就可以了吗？谁知寇准眼睛一瞪，说道："准方进取，可欺
君邪？"

这话传到宋太宗那里，他对寇准就有了些不同的期待。宋太
宗先后让寇准担任大理评事，归州巴东、成安知县。按照规定，
知县的任期是三年，但寇准做成安知县的第二年，就被宋太宗借
调出来了。

当时的党项族在西北边境不断挑衅，为了应付战事，宋太宗
急需一个不徇私舞弊、不怕吃苦的人来押送军粮。结果寇准不但
出色地完成了任务，还顺便考察了军情，写了一篇《御戎策》。
这篇针对边疆军事问题的文章，让宋太宗更加相信自己没看错寇
准。于是让寇准提前结束成安知县任期，升任郓州通判。

寇准上任前，照例要向皇上辞行。但宋太宗突然不舍得让寇
准走了，竟直接让寇准留在了中央的三司。这时的寇准，有了更
多接触太宗的机会，也让太宗多次见识到了他的耿直。

有一次，宋太宗实在是不想听他的意见，气呼呼地站起来要
走。一般人遇到这种情况，只能干着急。可是寇准直接拽住了宋
太宗的衣服，硬是把宋太宗拉回了座椅上。事后宋太宗不但没怪
他，反而说："寇准就是我大宋的魏徵啊！"

后来又发生了一件事，让太宗对寇准更加倚重。淳化初年
（990年），朝廷查处了两起官员受贿案。涉事官员一位是祖

吉，一位是王淮。祖吉被处以死刑，而和他情况类似的王淮，只受到了打二十大板和降级的处分。这区区二十大板，还是王淮在家里由家人打的；王淮被降级不久，很快官复原职。这一切，都是因为王淮之兄——参知政事王沔的包庇。

事情传得沸沸扬扬，但没有一个人敢向皇帝揭发。第二年春天，旱灾。在古代，地方发生天灾经常被认为是对人祸的警示。于是宋太宗召集近臣，询问政务有无失误。大多数人都说，大旱是天数，跟政务没有关系。寇准却说旱灾是因为朝廷刑罚不公。一听这话，宋太宗当时就生气了，拂袖而去。

这一次，寇准没有拽住太宗的衣服。但太宗自己却觉得不安，终究还是把寇准叫去，问他到底哪儿不公平。寇准让太宗把王沔叫来，然后把祖吉和王淮的事说了一遍，还反问了太宗一句："如果这不是不公平，那是什么？"

太宗问王沔有没有这回事，王沔汗如雨下，不停地磕头谢罪。

这件事让太宗意识到寇准才是真正可用的人，于是让寇准做了枢密副使，正式进入最高领导决策层。

这时，寇准还不到三十岁。三年后，他又升任宰相。然而，这还不是寇准人生的最高光时刻。而伴随着高光时刻的到来，他的性格弱点也逐渐暴露。

02

铁血担当，立百年之功

宋太宗把皇位传给了儿子赵恒，即宋真宗。真宗即位不久，就遭遇了一次国难。景德元年（1004年）九月，辽国纠集二十万兵马南下，前锋直抵澶州（今河南濮阳西）城下。一夜之间，五封报急文书飞达京城，但都被宰相寇准扣下了。

第二天，宋真宗从别的大臣那里得知消息时，差点吓破了胆。他忙去质问寇准，却见寇准正优哉游哉地喝着酒。面对真宗的怒气，寇准不紧不慢地说："若陛下御驾亲征，五天之内，此事必了。"

御驾亲征？宋真宗是一百个不愿意。有些大臣也不愿意，他们主张南逃避祸。寇准胸有成竹地说："我们可出奇制胜，也可以逸待劳，总之胜券在握。"真宗这才勉勉强强打起精神，决定亲征。

但是到了黄河南岸，他又不想走了。寇准不得不告诉真宗："今一旦弃去，（社稷）非复陛下所有！"但真宗还是下不了前进的决心。寇准急忙拉来武将高琼，说："陛下不以臣言为然，何不问高将军？"

高琼立即接话："寇大人所言极是。"寇准又加了一句："机不可失，得赶紧走啊。"高琼于是指挥真宗的卫士前进，几乎是和寇准一起把真宗逼过了黄河。

事情果如寇准所料，前线宋军一见皇旗招展，立刻欢声雷动，士气大振。而辽军那边，当时就被吓得队伍都站不齐了。更让他们没想到的是，辽军统帅萧挞凛被士气高涨的宋军一箭射死了。

于是辽军悄悄送来了请和文书。寇准认为形势对宋军有利，自然不同意议和。但真宗认为，只要不割地，别说讲和，就算是大宋给辽国钱财也行。至于给多少，真宗对使臣曹利用说："百万以下皆可。"

寇准本想坚持抗战，但这时有人向真宗告他拥兵专权，寇准只好同意真宗的想法。不过，寇准对议和金额可不放松。他第一时间截下曹利用，威胁道："绢、钱不得超过三十万，一旦超过，我必杀了你。"曹利用吓得两腿哆嗦，连连点头。好在曹利用没有辜负寇准的期待，果然以岁币十万两、绢二十万匹成交。这次议和，就是史上有名的"澶渊之盟"。

客观地说，澶渊之盟要求北宋每年给辽国不菲的钱财，当然是不平等的。但从长远来看，此后的百年间，两国一直和平相处，最大限度地维护了人民的利益。而且每年十万的岁币，比起对辽军费的开支，不过是"百之一二"。所以，当时和后世的人对澶渊之盟持肯定态度的也不少。

然而，功高一时、利在千秋的寇准可能并没有想到，他人生的转折早已埋下伏笔。他的知情不报、专权固执，以及对真宗的强硬态度，让真宗对他心存芥蒂。这些芥蒂，在往后的和平年代里，不断发酵，终于导致了寇准政治生涯乃至生命的终结。

03
专断自大，终误人误己

澶渊之盟让寇准的声望达到了极点，也让宋真宗对他信任有加，以至于寇准下朝时，真宗都会目送他。这让当时主张避祸的大臣之一王钦若嫉恨不已。

他对真宗说："澶渊之盟实际上是寇准以赌博的心态孤注一掷，多危险啊！"真宗沉默了，这让他想起议和之前寇准那些让人不舒服的作为。真宗仔细一琢磨，寇准的毛病还真不少，其中最让真宗难以容忍的是他的专断。

早在真宗的父亲宋太宗在位时，寇准专权就已经引起了皇帝的强烈不满。那时，寇准任参知政事，也就是副宰相。为了让自己看中的人能及早任事，他经常不顾正常的考核程序，破格提拔。客观一点说，寇准提拔的人大部分都不错，但跨过程序肯定是不合适的。

另外，寇准不提拔的那些人，也并不是能力不行，而是和寇准有私怨。就算这些人正常升迁上来，他也要打压。

至道二年（996年），朝廷进行了一次郊祭。按照惯例，会给官员提升一下官阶。彭惟节就以太常博士的身份升任屯田员外郎，而冯拯则以左正言身份升任虞部员外郎。都属于尚书员外郎，是平级，彭惟节排名应在冯拯之前。但在此之前，冯拯的官阶一直在彭惟节之上，因此在奏章上，冯拯就把自己的名字依旧排在彭惟节之前。这本来是件小事件，但寇准向来不喜欢冯拯，因此在朝堂上严厉批评冯拯扰乱朝堂秩序。

愤怒的冯拯于是密奏宋太宗："寇准以私怨专门打压微臣。朝廷之事都是他说了算，作威作福，一向如此。" 广东转运使康戬也向宋太宗上书，说当时的重臣吕端、李昌龄等都听寇准的。这些话就像是往宋太宗心上扎了一针。

宋朝一向担心大臣专权，为此采取了很多措施，如设正副宰相等。宋太宗尽管倚重寇准，但绝不可能容许寇准专权，因此把寇准贬了。对寇准的这个处理，宋太宗的继任者宋真宗是知道的。所以，真宗刚继位的时候，是不打算让寇准做宰相的。

后来辽国不断侵犯边境，需要权力集中以便高效应对战争，真宗这才任用寇准为相。但澶渊之盟前，却有人告发寇准拥兵自重，独断专行。真宗虽然当时不在意，但后来却对寇准没那么信任了。加上那些嫉恨寇准的人不停地进谗言，寇准渐渐被排挤出权力中枢。

幸亏宰相王旦等人时常为寇准说好话，寇准五十八岁时又被召回朝廷为相。这时的真宗已到了晚年，身子中风，政事把持在与寇准不和的刘太后手中。寇准想办法得到真宗首肯后，和其他大臣密谋除掉支持刘太后的奸臣。但计划不慎泄露，刘太后等先下手为强，寇准再次被贬出京城。四年后，寇准死于雷州（今广东湛江）。

寇准的一生，刚正不阿，勇于任事，为江山社稷立下了许多大功。然而他不明白，皇权是不可挑战的，在朝廷里做事，最忌独断专行，即使再有能力的人也要懂得尊重别人的意见，特别是顶头上司。原本官运亨通的他，却因为专断自大，葬送了政治生涯，乃至身家性命。可惜可叹！

方孝孺：灭我"十族"，我也不写

　　封建社会的文人，不少都有修身、齐家、治国、平天下的抱
负，尤其是身居庙堂之上的大臣。身在和平年代，他们会大刀阔
斧地治国理政，突遇有人兴兵造反，他们会想尽一切办法平叛。
若事不济，他们宁可归隐山林，也不会为了高官厚禄与乱臣贼子
同流合污。如果遭到乱臣贼子胁迫，他们会毫不犹豫地以死明
志，他们信奉"忠臣不事二主""士可杀不可辱"。明朝的方孝
孺就是这样一个人，面对朱棣的要挟，他宁愿"十族"被灭，也
不给窃国者草拟登基诏书。

　　蔡东藩说方孝孺是一个迂儒，一个无用之人，但正是这个迂
儒，将文人的不屈志气贯彻下来。他用死来告诉人们，所谓忠义

者，其身可以灭，其志当永存。

01

方家有大才，却当小吏用

方孝孺出身于官宦人家，祖上四代皆是儒生。其父方克勤，曾任山东济宁知府，一生为官清廉，为政有方，颇受百姓爱戴。方孝孺从小受到父亲影响，不但敏而好学，而且谦卑有礼。他虽然年少，可每日读的书却有一寸多厚，因为博闻强识，乡人都唤他为"小韩愈"。

韩愈是"唐宋八大家"之首，是所有读书人的偶像，若是寻常孩子，听得此等夸耀，必定骄傲自满。可方孝孺却没有丝毫得意，他学习学问，并不是为了文辞写作，而是为了宣扬道义，治国安邦。

年纪稍长，方孝孺拜入了宋濂门下。宋濂乃大明开国功臣，又是太子朱标的老师，门下弟子众多，可方孝孺依旧凭借自身努力，脱颖而出。宋濂非常喜欢这个弟子，甚至认为他的学问可以和欧阳修、苏轼相媲美。

前有父亲做榜样，后有老师悉心教导，再加上方孝孺自己的刻苦研读，很快便名声在外。但是方孝孺不是追名逐利之人，相比于获得他人称赞，他更重视自身的修行。方孝孺十八岁时，父亲方克勤因牵涉"空印案"获罪被杀，方家开始衰落。

一天，方孝孺卧病在床，家中断炊。仆人将情况告诉了他，他听后大笑道："古人三十天仅进食九次，受贫穷困扰的何止我家啊！"

孟子说："穷则独善其身，达则兼济天下。"方孝孺在人生最艰难的那些年，一直都洁身自好。后来经人举荐，方孝孺被朱元璋召见。朱元璋见他举止稳重、品行端庄，对太子朱标说："这个人可以大用。"

但是，朱元璋并没有立刻重用他的打算。一是因为大明初期，重法家而轻儒学，此时任用方孝孺有些专业不对口；二是方孝孺正值青年，心中难免有一些傲气，朱元璋想要再磨炼他一阵；三是朱元璋想将方孝孺留与太子朱标，让朱标对他有知遇之恩，这样方孝孺才能感恩戴德，成为太子的股肱之臣。

1392年，太子朱标因病去世，这时又有人举荐方孝孺。朱元璋依旧打算让他来辅佐后继之君，而没有立刻重用他，只是授予他汉中教授之职，每天给一些儒学生员讲学。方孝孺没有觉得大材小用，而是认真去对待这份工作。

渐渐地，他的名气越来越大，甚至蜀王朱椿都要聘请他做世子老师。和许多读书人一样，方孝孺心中依旧想着安邦定国，可是他也明白，这个想法在洪武朝实现的机会不大。他开始将目光投到了朱允炆身上，希望可以在将来有一番作为。

02
既得知遇恩，便付一心用

方孝孺想要有一番作为，朱允炆何尝不是，朱元璋留给他的国家，看似国泰民安，实际危机四伏。他初登帝座，第一步便要提拔良臣，搭建属于自己的权力架构。朱允炆召方孝孺为翰林侍讲，很快又升调他做了侍讲学士。这样，方孝孺便可以常伴皇帝身边。

建文帝对方孝孺的学问十分敬佩，无论是书本上的事，还是朝廷里的事，他都会向方孝孺请教。慢慢地，方孝孺的思想开始影响建文帝的决策。建文帝以"仁义"治国，推崇儒学，与民休养生息，这正和方孝孺所主张的治国之道相符。于是，方孝孺希望可以推崇周礼，用周朝的礼乐文化来教化新朝，并打算将建文帝塑造成圣贤之君。

但建文帝有更重要的事要做，他要"削藩"，将分布在大明各地的叔叔们的军权收缴。之后，他才能安心建设自己的国家。不久，燕王朱棣打着"清君侧"的旗号，开始起兵造反。这时，方孝孺的学问又一次发挥了作用：朝廷讨伐的诏令、檄文皆出于方孝孺之手。方孝孺不但驳斥了燕王的"清君侧"，还将他的野心公之于众。

然而，方孝孺虽是良臣，却并非谋士，他的一系列谋划，都以失败告终。建文三年（1401年），朱棣率军攻克大名府，方孝孺认为朝廷应先下赦免朱棣之诏，乱其军心，等到他将士懈怠，军无斗志，便可一举消灭。奈何用人不明，公布诏书之人因为胆怯，面对朱棣，并没有拿出诏书。方孝孺计划失败。

之后，朱棣想要求和，可方孝孺却认为这是朱棣的缓兵之计，于是让建文帝杀了使者，拒绝求和。方孝孺之后曾想过离间朱棣父子，但仍以失败告终。

最后，朱棣率军南下，一路势如破竹，方孝孺以割地求和来争取时间，可朱棣无动于衷，兵临城下。有人劝建文帝先走，然后寻找勤王之师举兵讨贼。可方孝孺决意固守京师以待援军，哪怕城破身死，也无愧于社稷。最终，朱棣大军攻克南京，建文帝下落不明。

有人说，方孝孺"虽有大志而才不及"，他的判断抉择皆是纸上谈兵。可实际上，他的每条谋划都有可行之处。然而，机会、运气都不在建文帝一边，最后功败垂成，所有的事情也就不值一提了。建文朝没了，可方孝孺仍在，他并不想苟且偷生，他要在生命的最后一刻，给建文朝留下最厚重的一笔。

03

始怀忠君心，留志不留命

若论方孝孺的谋划策略，可能会有人不屑；可提到他的气节风骨，没有人不敬佩叹服。靖难之役后，建文朝几乎所有文臣武将都来参拜新皇朱棣，只有方孝孺一人闭门不出，身着孝服为建文帝服丧。

朱棣早知方孝孺大名，如今登基，正缺一德高望重之人起草诏书，于是派人请他。哪知方孝孺披麻戴孝，一进朝堂便号啕大哭。以朱棣过去的脾气，哪容得下他如此放肆。

可在起兵前，谋士道衍和尚就曾对朱棣说过："你占领南京，千万别杀方孝孺，否则天下读书人的种子就没了。"于是，朱棣只能赔着笑脸，安抚方孝孺："先生不必忧苦，我只是想要仿效周公辅佐成王而已。"

方孝孺趁势问道："成王虽死，可立成王子，成王子幼，可立成王弟，正统为先，怎能立周公为皇？"朱棣大怒："这是我们朱家的事，你只需起草诏书。"方孝孺拒不领命，他一边哭一边大骂朱棣，还说："就算死，我也不会为你起草诏书！"

朱棣质问方孝孺："你虽不怕死，但你不怕灭九族吗？"朱棣原以为拿住方孝孺的弱点，便可左右他的思想，可他万万没想到的是，方孝孺竟大声说道："灭我十族又如何？"朱棣恼羞成怒，再也不顾及名声承诺，下令车裂了方孝孺，还诛杀他"十族"（把友人、门生也包括进去）之亲友，共计八百七十三人。

这次大屠杀，虽然诛灭了与方孝孺有关的所有人，可也让方孝孺以身殉道，印证了他的忠心与气节。

也许有人骂方孝孺傻，觉得他牵连了太多人，是冷血的表现。所谓死节，不正是在关键时刻，传递一种志气，释放一种决心！若人们只是嘴上说圣贤之言，遇到家国灭亡，不敢挺身而出，为正义牺牲，那又有谁会信"忠义"，会相信"民族大道"。

方孝孺也许是傻，可正是因为有了他这样的人，才会有后世读书人继续为天地立心，为生民立命，为往圣继绝学，为万世开太平。

04
斯人已逝，风骨长存

方孝孺，字希直，号逊志，亦称"正学先生"。其实，单从他的名、字、号中，便可以窥得他的一二风骨。

朱棣虽发动了"靖难之役"，可朱明王朝并没有易姓，若方孝孺如解缙一般，投靠朱棣，后人也并不会有太多非议，但方孝孺的执念与信仰，却不让他这样做。

有人说，所谓信仰，所谓卫道，便是在适当的时候，死给你看。方孝孺天赋极高，但他宁愿做一个傻子，因为他知道，若天下都是聪明人，都趋利避害，那又有谁来卫道，谁来传承"威武不能屈"的气节。

该死之时不能退，这样才能告诉世人，这儒家之道是真的可以为气节而死，为风骨而亡。方孝孺与朱棣的对决，表面上是方孝孺输了，输得一无所有。可朱棣又得到了什么？不过是坐实了篡位的事实罢了。

　　方孝孺虽死，可他的气节却流芳百世，从这方面讲，方孝孺又赢了。方孝孺之后，世间再无"方孝孺"，可方孝孺之后，"文人的风骨"却得到了彰显。

张居正：尽心辅佐却死不瞑目

　　慈圣训帝严，每切责之，且曰："使张先生闻，奈何！"
于是帝甚惮居正。及帝渐长，心厌之。乾清小珰孙海、客用等
导上游戏，皆爱幸。慈圣使保捕海、用，杖而逐之。居正复条
其党罪恶，请斥逐，而令司礼及诸内侍自陈，上裁去留。……
帝迫于太后，不得已，皆报可，而心颇嗛保、居正矣。

——《明史·张居正传》

　　1582年，大明王朝已走过了二百一十四个年头。此时，坐
在紫禁城皇帝宝座上的正是明朝的第十三位皇帝，二十岁的明神
宗朱翊钧，也就是我们熟知的万历皇帝。还是在这一年，明代唯
一一位生前被授予文官最高官职——太师的大臣病逝。

　　时光倒回十年前，1572年，万历登基，年仅十岁。他的母亲
李太后，给他找来了当时最出色的老师，辅导他如何做一个好皇
帝。而这位老师，就是那位病逝的大臣。这十年中，小万历对老
师言听计从，师生情谊成为美谈。

　　令人没想到的是，一向尊师重道的万历，竟在老师尸骨未

寒的时候，疯狂地抄了他的家，还把老师家中十几口人关在屋内活活饿死；并且夺去老师生前所有官衔和荣誉，甚至还要开棺戮尸。而这位老师，就是当时被誉为"大明脊梁"的张居正。

这十年间究竟发生了什么？竟让一位听话的好学生性情大变，做出如此事情？

01

尽心竭力辅佐幼帝

四百多年以前，荆州古城大地上，诞生了一名男婴。因为男婴曾祖父做了一个梦，梦见一只白乌龟，认为这只白乌龟就是自己的曾孙，于是给曾孙取名"张白圭"，希望他日后能光宗耀祖。而张白圭也确实没有辜负曾祖父的期望，日后成了一代名相，也就是后来的张居正。

张居正不仅有才，长相也是很帅气。《明史》中说他"颀面秀眉目，须长至腹"。

黄仁宇先生在《万历十五年》中是这样描写的："张居正似乎永远是智慧的象征。他眉目轩朗，长须，而且注意修饰，袍服每天都像崭新的一样折痕分明。他的心智也完全和仪表相一致。他不开口则已，一开口就能说中事情的要害，言辞简短准确，使人无可置疑，颇合于中国古语所谓'夫人不言，言必有中'。"

就是这样的一位才子，一生却为两件事耗费了自己全部心血。一件是改革，而另一件就是培养改革的接班人。作为改革者的张居正无疑是成功的，但作为教育者的张居正却是失败的。且这场失败的教育，在1582年的夏天爆发出惊人的毁灭力，直接让大明王朝开始走向衰败。

通过史料记载我们发现，张居正作为帝师，尽职尽责。他每年都要亲自筹划好教学大纲，甚至提前几年编好教学计划。每次给小万历教学，他都要提前一个多小时做教学准备。

在给小万历上帝王必学科目"古代帝王治国策略"时，由于万历年龄小，张居正担心他看不懂，于是组织人员编撰了一本连环画《帝鉴图说》给万历当教材。

小万历看了教材后爱不释手，对原本枯燥的课程产生了浓厚的兴趣。曾有人开玩笑说，如果自己碰到这样一位好老师，一定会好好学习的。而万历一开始也确实没辜负张居正的付出。

在中国古代，讲究君君臣臣父父子子，先君臣关系，然后才轮到亲情。大家还记得《红楼梦》中元妃省亲那一段吗？贾政作为元春的父亲，见到她第一件事是下跪磕头。如今我们看来，父亲给孩子磕头简直不可思议，但在古代这是礼制，不然父亲就是犯了大不敬之罪。

但小万历作为一位拥有至高权力的帝王，他却把师生情谊放在第一位，然后才是君臣。他从不称呼张居正官职或名字，无论是正规场合还是私下，他只称呼张居正为"先生"。而"先生"

这个词后来在朝廷上逐渐成为张居正的专有名词。

有一次小万历出疹子，病了好久，张居正隔几天到宫里问候一下。小万历康复后上朝，张居正看到小万历时竟愣了神，一直走到龙椅前，跪着仰脸注视小万历许久，眼眶里似乎有泪水在打转。

小万历似乎明白张居正的心意，开口道："先生，你看我气色怎么样？我每天吃四次饭，每次能吃两大碗米饭。"听到小万历如是说，再加上看到小万历脸上确实有了红润的光泽，张居正喜极而泣。

那时候的张居正，孤身一人在京做官，家人都在老家湖北。或许在他心中，有时候真的会不自觉地把万历当作自己的孩子。而万历一开始的时候或许也会把张居正当作亲人。那么究竟是因为什么，竟让万历后来如此憎恶自己的老师呢。

02
怨恨自幼埋在心底

张居正对万历可谓是尽心竭力。为了让小万历未来成为一个有作为的皇帝，他耗费了全部心血，把自己认为最好的全都给了小万历。但张居正很多时候恰恰忽略了万历作为一个孩子的天性。

中国传统的家长式教育，父母就是天，父母所为都是正确的，所以对孩子而言，父母的爱会变成一种负担。万历虽然是一位帝王，但他也是一个孩子，李太后把自己所有的希望都放在小万历身上，让一个十岁的孩子承担治理整个天下的重担，这个担子未免太重了。

最爱的母亲，最敬爱的老师，一直在逼着万历，对他的要求甚是严格，让他得不到一丝快乐。但凡万历有点小过错，或者偷点小懒，冯保就会在一旁提醒万历，劝说不成就吓唬要告诉太后，而太后更是直接搬出张居正。

每次放学回来，李太后都会让小皇帝从头讲述一遍当天学习的知识，如果小万历背错或者记不住，都会被太后罚跪，一跪就是两个小时。李太后最后还要再加上一句："去告诉张先生，看你怎么办！"

作为老师，张居正给小万历安排的课程非常满，基本没有休息日，而且对他要求很严格。有一次上课，小万历把《论语》里的"色勃如也"念成了"色贝如也"，张居正大喝一声，小万历吓得一下子从座位上站起来，浑身直打哆嗦。

学生读错字是常有的事，作为老师提醒即可，可张居正却把学生吓成这般模样。而这位学生，不是普通的学生，是掌握着生杀大权的帝王，是张居正的主子。可面对张居正，小万历每天都胆战心惊，如临深渊，如履薄冰。

除此之外，小万历不能有其他兴趣爱好。孩童时期小万历喜欢练习书法，且字写得非常漂亮。当万历拿着练好的字找老师求表扬时，张居正虽没有直接让他以后不要练字，却用了宋徽宗的故事来暗示小万历，作为一位帝王，不该沉迷于这些于治国安邦无大用的东西。此后，小万历再也不练字了。

长久以来，小万历就是这样生活在被严格控制的环境中。他没有说不的权力，也没有其他正常人该有的自由，他无法自主地缓解内在，所以不得不努力控制自己的本能和情绪冲动。多年来他一直在压抑自己。

小万历渐渐长大了，想亲政，但李太后觉得他还是太年轻，无法担起帝国重任，大权依旧掌握在张居正手中。万历，只是一个没有实权的皇帝。

在万历十八岁时，有一次喝醉了酒，打了人，张居正知道后勃然大怒。据《明神宗实录》记载，张居正愤而上书，怒斥万历"宫中起居颇失常度"。意思说，万历的作风太不像话了。后来李太后知道这件事后差点要废掉万历。最后在万历苦苦哀求下，李太后才就此作罢，但还是让万历写下一道罪己诏昭告天下。

其实想想，小万历很可怜，在如此严厉的环境下长大，对于一个爱玩爱闹的小孩子来说，该是一件多么难受的事。尤其对一个十八岁的帝王来说，向全天下百姓说自己有罪，应该是很伤自尊心的吧。

起初，小万历还是很尊敬、信任自己的老师的。随着他的成长，对事物开始有自己的思考时，他对张居正教育自己的方式、做事态度越来越不满。

最好的老师、最好的家长、最好的教育配套，却成了禁锢小万历幼小心灵的牢笼，等有一天他有力量冲破牢笼时，将会产生惊人的破坏力。而这惊人的破坏力就是从1582年张居正死去的那一刻开始显现，因此才有了文章开头提及的抄家等事件发生。

03
结局反转，可惜可叹

张居正希望万历未来能成为自己改革的接班人，振兴大明王朝，万历一开始也确实没有让人失望。但随着师生二人之间的关系发生微妙变化，以及张居正病逝，万历性情大变。

张居正死后没隔多久，有人上告他贪污腐败。作为财迷的万历，听后两眼放光，想去抄他的家，但因没有罪证，不好贸然行动。当时朝廷有人猜到了万历的心意，于是制造了一系列所谓的"证据"让万历可以光明正大地抄张居正的家。结果，张居正北京的府邸被翻了个底朝天，只搜出十万两白银，一代名相的家财连太监冯保都不如。太监冯保被抄家时，搜出了黄金白银几百万两，还有很多奇珍异宝。

万历不相信张居正才这么点钱。有人说张居正把金银财宝运回了湖北老家，他至少有两百万两金银。万历二话不说，授意他们去湖北抄张居正老家。

当时各路人马为了邀功，在张居正老家各种骚扰，最后甚至将张居正家人关在屋里，不给吃喝。这里面有襁褓中的婴儿，有张居正八十多岁生病的母亲。十几口人最后竟被活活饿死。最后，那些奉命抄家的官员什么也没搜到。

即使这样，那群人还不死心，说张居正把钱分给了他们家亲戚。随后他们抓走了张家所有的亲戚，有官员用严刑逼他们承认张居正贪污两百多万两白银。最后张居正的大儿子不堪凌辱悬梁自尽，二儿子跳井自杀，万幸的是二儿子最后被人救了起来。

如果张居正泉下有知，知道自己曾经苦心教导的学生，那个曾经当着他的面承诺要在他身后好好照顾自己家人的学生，竟如此对待自己及自己的家人，不知会作何感想。作为教育者，张居正是失败的，作为改革者，他却是非常成功的，他被看作是继北宋王安石之后的另一位出色的改革家。

张居正改革之前，明朝每年财政亏损将近三百万两白银，但是万历新政执行两年后，国库每年盈余就将近三百万两白银。到1582年张居正去世那年，大明GDP（国内生产总值）总量世界第一，仅中央库存白银就达一千二百五十万两，远超欧洲各国白银总量。

万历新政之前，土地兼并严重，农民无地可耕，农民与地主阶级矛盾重重，随时可能爆发起义。张居正实行一条鞭法，改革税制，丈量田亩，增加了纳税田亩近三百万顷。

万历新政之前，大明王朝千疮百孔，危机四伏，南方沿海倭寇横行，西南少数民族暴动，而东北和西北则面临蒙古铁骑的侵扰。张居正当权后，狠抓国防，任用戚继光、俞大猷、李成梁等人稳定了大明半壁江山。

张居正死后，万历执政，他不仅没有成为老师改革的继承者，反而亲手毁掉老师呕心沥血建立起来的一切。被新政"考成法"罢免的贪官污吏、才能平庸的官员官复原职，而张居正任用的那些大臣基本都受到不同程度的打压。

比如我们了解的治理黄河的杰出人才潘季驯，因在朝堂上替张居正申辩了两句，被万历罢了官。再比如大名鼎鼎的抗倭英雄戚继光，就因和张居正个人关系较好，被万历从军事重地蓟门调到无兵可带的蛮荒之地广东。对于戚继光这样一个军事家而言，这样的遭遇比杀了他还难受，最后戚继光愤而辞职。

张居正死后的第四年，辽东巡抚周咏注意到在辽东以外的建州有一个叫女真族的部落正在慢慢崛起。周咏上书朝廷出兵攻打，结果朝廷却决定出钱安抚，而女真族的首领就用这些钱财开疆拓土，从容发展壮大，这位首领就是后来的清太祖努尔哈赤。

因万历个人的一系列倒行逆施，竟让整个国家、整个民族为之陪葬，往后大明所有的悲剧都从这里开始！如果当年张居正没死，如果戚继光这些忠臣没有被贬官，那么还会有日后的大清朝吗？历史终究是历史，没有如果……

04

国难思良相

张居正死后，有很多人诋毁他，但万历没想到，张居正曾经的死对头，思想家李贽，却为张居正喊冤叫屈。

在万历朝还有一位著名的官员也是大家熟知的——海瑞，人称海青天。李贽曾这样评价两人："海瑞是草，可以傲霜雪，不可以任栋梁；而张居正是一棵树，是一棵参天大树，是古今宰相之杰！"

到崇祯继位时，大明王朝已是风雨飘摇，大厦将倾。纵然崇祯有拯救大明王朝的雄心，但大明再也没有如张居正那般的能臣。家贫思贤妻，国难思良相。那时候朝廷上下开始怀念起张居正的改革，想恢复，但为时已晚。

张居正为人到底如何，他的改革又该如何评价，暂且不做评判，我想每个人都会有自己的看法。一个人的毁誉从来都不是能由自己决定的。

生而为人，立身处世，只要对得起自己的良心，就不用介意别人的闲言碎语。张居正死后，世间再无张居正，大明王朝也不复昔日的繁盛……

第五章

最佳拍档

齐桓公和管仲：从仇敌到君臣

鲍叔牙曰："臣幸得从君，君竟以立。君之尊，臣无以增君。君将治齐，即高傒与叔牙足也。君且欲霸王，非管夷吾不可。夷吾所居国国重，不可失也。"于是桓公从之。乃详为召管仲欲甘心，实欲用之。管仲知之，故请往。鲍叔牙迎受管仲，及堂阜而脱桎梏，斋祓而见桓公。桓公厚礼以为大夫，任政。桓公既得管仲，与鲍叔、隰朋、高傒修齐国政，连五家之兵，设轻重鱼盐之利，以赡贫穷，禄贤能，齐人皆说。

——《史记·齐太公世家》

齐桓公，名叫小白，春秋五霸之首；管仲，我国历史上著名的政治家，他辅佐小白，九合诸侯，一匡天下，成就了齐桓公的霸业。但是管仲曾是齐桓公的政敌，齐桓公却捐弃前嫌重用管仲。他俩之间到底有什么恩怨？齐桓公为什么会选择原谅一个要杀害自己的人？

01

一箭之仇

前685年的一天，烈日当空，微风不起，空气中弥漫着浮躁的气息。一行车队正向齐都临淄的方向飞驰，待到了临朐这个地方，这一行人已是人困马乏，于是下车稍作休息。车队的领头人是一个三十出头的青年人，他虽然靠在车旁休息，但一双炯炯有神的眼睛却不停地扫视四方，显得格外小心。

突然，一辆战车从青年人的正对面飞驰而来，还没等他反应过来，一支飞箭便从对面的战车上闪电般袭来。这支箭不偏不倚，正中青年人。青年人一声惨叫，随即仆倒在地。刺客见刺杀成功，连忙掉转战车，扬长而去……

这个受伤倒地的青年人是公子小白，也就是后来大名鼎鼎的齐桓公，而这个放冷箭的刺客就是管仲管夷吾。此时的管仲对公子小白痛下杀手，但谁又能想到，原本互为仇敌的二人，后来竟会成为春秋历史上的"最佳拍档"。

齐国原是姜太公的封国，一个有着深厚底蕴的"东方古国"。在周成王时期，齐国作为周王室东方的屏障，对抵御夷狄、安定王室起到了至关重要的作用。西周初年，周成王曾下诏给姜太公："东至于海，西至河，南至穆陵，北至无棣，五侯九伯，实得征之。"周王室对齐国的授权，使之成为中原诸侯国中数一数二的大国。

齐国自姜太公以来，便一直稳定发展，直到齐襄公即位，情况才发生了变化。年少即位的齐襄公是个无耻乱伦的荒唐败类。他为了与同父异母的妹妹文姜私通，居然在迎宾馆里暗杀了自己的妹夫鲁桓公。襄公的所作所为引起了大夫们的极度不满，终于，在国人的怒火下，齐襄公很快招致杀身之祸。

罪魁祸首死了，那么君主之位又该由谁来继承呢？原来，齐襄公还有两个弟弟，二弟叫公子纠，三弟叫公子小白。齐襄公在位时期，齐国内部可谓是暗流涌动，他的两个弟弟为了避祸，纷纷逃到了国外。

管仲辅佐公子纠逃到了鲁国，因为鲁国的军事实力比较强大，对公子纠以后争夺国君之位有很大的帮助，并且鲁国的国君鲁庄公是公子纠的外甥。鲍叔牙辅佐公子小白逃到了莒国，因为莒国距离齐国国都临淄较近，到时候方便回国。管鲍两人不谋而合，他们都觉得齐襄公干不长，所以早早就为日后回国做好了准备。

果不其然，没过多久，齐襄公便被大臣们干掉了，继而自立为君的公孙无知也被干掉。当无知死讯传出之时，公子纠与公子小白立刻动身向齐国临淄进发。此时的国君之位就如同一块肥肉，谁先到谁得。

在二位公子返齐这件事上，管仲与鲍叔牙两人可谓是斗智斗勇。管仲为了达到目的，选择了釜底抽薪的招数——半路刺杀公子小白。于是，便出现了本文开头那一幕：管仲驾车而来，一箭射倒公子小白，然后扬长而去。

但让管仲万万没想到的是，公子小白虽然中了一箭，却没有死，因为这一箭正好被他的衣带钩给挡住了。管仲以为小白已死，所以也就不那么起早贪黑地赶路了。因为此时的公子纠俨然成了齐国国君之位的唯一合法继承人，别人想抢也抢不走，那还着什么急呢？

管仲的如意算盘打得很精，但当他和公子纠来到临淄城下时，整个人都傻眼了。因为，公子小白已经成了齐桓公。

02
既往不咎

前685年，公子小白正式即位，是为齐桓公。正所谓"新君上任三把火"，这第一把火自然是清除异己，有仇报仇，有怨报怨。那谁是齐桓公的仇人呢？自然是公子纠和管仲了，尤其是管仲这厮，还在半路上射了齐桓公一箭。

一想到这里，齐桓公就气得牙痒痒，他恨不得立刻带领大军攻打鲁国，不惜一切代价也要把管仲这家伙给杀了。于是，齐桓公很不客气地向鲁国表达了自己的意思。鲁庄公迫于压力，只好杀掉公子纠，并将管仲遣送回齐国。听到管仲被遣返的消息后，齐桓公十分激动，他心中早已打定了"手刃管仲"的主意。

然而，齐桓公的老师鲍叔牙却坚决反对。鲍叔牙对齐桓公说："如果主公只是想治理好齐国，那有我鲍叔牙就足够了，你可以杀掉管仲；但主公若是想称霸天下，那就非用管仲这样的大才不可，希望主公能慎重考虑。"

齐桓公一听，似有所悟，比起齐国称霸天下，私人的恩怨算什么！于是，他决定不但不杀管仲，还要给他官做，而且是大官。当管仲的囚车到达临淄城时，齐桓公亲自来接他入城，一路上执礼甚恭。临淄的百姓得知这一消息后，人人竖起了大拇指："我们的国君果然有度量，连管仲这样的仇人都能既往不咎，有这样的国君我们还有啥需要担心的！"

公子纠被杀了，而管仲却活了下来，而且活得风生水起。这让有些人很不爽，他们纷纷站在道德制高点，来谴责管仲的"苟且偷生，变节投敌"。对于众人的谴责，管仲只是一笑而过，并不放在心上。就连齐桓公都认为他是心有所愧、无颜反驳，只有老朋友鲍叔牙知道，事实并非如此。

鲍叔牙对齐桓公说："成大事者，不恤小耻；立大功者，不拘小谅。管仲不是为了某个君主而生，也不是为了某个国家而生，他是为天下而生，这样的人又怎会苟且偷生呢？"鲍叔牙的一番话，不仅打消了齐桓公的顾虑，也让齐桓公对管仲刮目相看。原来，管仲的觉悟这么高啊！

03

托付江山

在齐桓公捐弃前嫌、重用管仲的第二天，管仲发出了中国历史上的一个伟大论断：仓廪实而知礼节，衣食足而知荣辱。用现在的话说就是，物质基础决定精神文明，人民只有吃饱穿暖，才会明辨是非、讲究礼节。

据史书记载，齐桓公与管仲曾有一次会谈，谈了三天三夜。正是这次会谈，管仲让齐桓公彻底折服，让他放心把齐国交给管仲来治理。

齐桓公虽然对管仲的才能很满意，但他却对自己没有信心，于是他弱弱地问："对于你的本事，我是放心的，但我这个人缺点很多，不知道能不能治理好国家？"管仲笑道："一个人能坦承自己的缺点，这已经是一个优点了，主公不妨说出自己的缺点，让我为你参详参详。"

齐桓公说："我喜欢打猎，一打猎就什么事都顾不得了。"管仲说道："爱打猎是好事啊，可以强身健体、增强体魄，只要你别天天住在猎场里就行了。"

齐桓公接着说："我还喜欢饮酒，一天天醉生梦死，不省人事。"管仲笑道："这也不算什么大事，只要懂得节制，保重身体就行。"

齐桓公难以置信地接着说："我这个人还好色，一见漂亮女人就走不动路。"管仲漫不经心地答道："这算什么啊，爱美之心人皆有之嘛。"

此时的齐桓公瞪大了眼睛，他实在不明白眼前这个人听了自己的三大缺点后，为何还会如此淡定。最后，齐桓公忍不住问道："那在你看来，什么样的缺点才是致命的呢？"管仲正色道："人君唯优与不敏为不可。"人君只有优柔寡断和不聪慧明达不可以，只要不犯这两个大错，其他的错误都微不足道！

管仲的一席话，给了齐桓公前所未有的信心。从这时起，齐桓公决定：把国家的所有大权都交给这个曾经想射杀自己的人。而他自己则当起了"甩手掌柜"，这一当就是几十年。从此，你玩你的嗜好，我干我的事业。

04
君臣一体

在管仲执政的几十年，齐国大事大多由管仲决断，齐桓公似乎成了一个专注于吃喝玩乐的局外人。出于对管仲的信任，齐桓公从不过分操心国事，只坐享其成，他也因此成了中国历史上最幸福的国君。

齐桓公五年（前681年），春秋历史上第一次盟会在齐国的北杏召开。这次盟会虽然规模较小，威势不足，但却意义深远，因为齐桓公和管仲举起了"尊王攘夷"的大旗。这让饱受屈辱的周天子感觉到了天子的尊严，让四方夷狄心惊胆寒，也让天下诸侯自惭形秽。

天下纷纷扰扰多年，无论是亲如郑庄公，还是强如楚成王，他们都不把周天子放在眼里，而齐桓公则反其道而行。他将公道放在了心间，将秩序还给了天下。前651年，齐桓公在葵丘大会上正式宣布：凡我同盟之人，既盟之后，言归于好。

百年之后，当孔子读到这段历史时，不由得掩卷赞叹："九合诸侯，一匡天下，不以兵车，何其仁也。"齐桓公用仁德与信义，赢得了周天子的衷心敬爱，也赢得了诸侯们的拥护，成为世人公认的"霸主"。

其实，我们对于"霸主"一词有着很大的误解。春秋时期的霸主并非是自封的头衔，而是周天子正式承认的官方称号。想要成为霸主，不仅需要苛刻的条件，更需要承担极大的职责。国力强大、周王任命、组织盟会都是成为霸主必不可少的条件，而"尊王、攘夷、救患、分灾、讨罪"更是霸主应该主动承担的责任。

在齐桓公做霸主期间，齐国帮助过鲁国平定内乱，帮助过邢国、曹国重建家园；北抗夷狄，为燕国开疆百里；也曾南伐强楚，为周王室讨回尊严。孔子有言，齐桓正而不谲，晋文谲而不正。在孔子看来，齐桓公堂堂正正，光明磊落，是实至名归的"春秋第一霸"。

　　齐桓公豁达随和，却能力有限，管仲经天纬地，但独断专行。只有管仲，能顺从齐桓公的天性，让他舒舒服服做霸主；只有齐桓公，能给管仲自由发挥的舞台，让他潇潇洒洒专国政。齐桓公与管仲二人的无间合作，成了后世君臣一体，心心相印的榜样。

吴王阖闾和伍子胥：两副躯壳，一个灵魂

> 至于吴，吴王僚方用事，公子光为将。伍胥乃因公子光以
> 求见吴王……伍胥知公子光有内志，欲杀王而自立，未可说以
> 外事，乃进专诸于公子光，退而与太子建之子胜耕于野。……
> 吴国内空，而公子光乃令专诸袭刺吴王僚而自立，是为吴王阖
> 闾。阖闾既立，得志，乃召伍员以为行人，而与谋国事。
>
> ——《史记·伍子胥列传》

伍子胥，楚国贵族，因为家族遭难逃亡到了吴国，一心想要
灭掉楚国为父亲和哥哥报仇。但同时他也是一位心中有理想，想
成就一番事业的有志男儿。后来他在吴国遇到了改变自己一生命
运的人，那人就是吴王阖闾。

01
逃亡遇贵人

　　伍子胥本来是楚国人，名员，字子胥，父亲叫伍奢，哥哥叫伍尚。从祖先伍举开始，他们家在楚国一直都是贵族阶层，伍奢甚至还是楚平王儿子太子建的老师。

　　按理说，伍子胥这种贵族公子只要自己不折腾，随随便便就能在楚国逍遥一生。可命运这东西实在难以预料，就算伍家上下都安分守己，还是逃不过小人谗言的羁绊。

　　伍奢是太傅，对太子建忠心耿耿，可少傅费无忌一直心怀鬼胎，不仅不忠于太子建，还在太子建和楚平王之间搬弄是非。楚平王对费无忌深信不疑，于是把伍奢关起来，并且传唤他的两个儿子。

　　当使者向伍氏兄弟传达旨意时，伍尚和伍子胥就展开了争论。伍子胥认为，他们兄弟俩一同前往无异于送死，不仅不能为父报仇，还白白让小人得逞，倒不如一起逃往异国他乡，以图东山再起。

　　听了弟弟的话，伍尚语重心长地说："我知道这是一条不归路，去了无法保全父亲性命。但如果不去，以后又无法洗刷耻辱，终究会被天下人耻笑。弟弟，你大可以远走高飞，日后再为父报仇，我就先走一步了。"

　　当伍奢得知伍子胥逃走的消息后，长叹一声："楚国君臣迟早要陷入战火。"因为他很清楚，伍子胥是一个有勇有谋、有仇必报的孩子，面对这般的家仇，他一定会寻觅时机，卷土重来。哪怕他当下只是个少年，哪怕他还无所依附，但只要胸中有复仇的种子，他就迟早会回来报仇雪恨。

离开楚国后，伍子胥历经波折，九死一生。万幸的是，他在吴国认识了一个贵人。

02
心有灵犀一点通

这个贵人，就是公子光，也就是后来的吴王阖闾。

伍子胥初到吴国的时候，吴王僚刚刚继位执政，公子光做将军。伍子胥通过公子光的关系求见吴王。当时吴国和楚国的两个妇女为争夺桑叶打得不可开交，继而升级成两国的边境冲突，于是，吴王僚就派公子光领兵攻打楚国。

取得一些胜利后公子光就率部折返了，并没有持续扩大战果。这时伍子胥觉得自己的机会来了，便劝吴王僚说："楚国可以攻破，希望再派公子光前去。"

公子光对吴王说："伍子胥的父兄被楚王杀害，他劝大王讨伐楚国是为报私仇罢了。攻打楚国未必能攻破。"

如果是别人听了这番话，一定会觉得公子光暗中掣肘，阻碍自己的复仇大计，明显不是一路人。但伍子胥不这样想，他觉察出公子光是一个有野心的人，绝对不甘于屈居吴王僚之下，要想打动他，得换些其他的手段。

于是，伍子胥做了两手准备：一是假意离开朝廷，归隐田园，避免众人猜疑；二是向公子光推荐了专诸，直接促成了"专诸刺王僚"的惊天政变。

为什么公子光会想除掉吴王僚呢？原来他们是堂兄弟，他们的爷爷吴王寿梦死的时候，想把王位传给德能最高的四子季札，但是季札却无心王位，多次拒绝并回避。于是他的三个哥哥诸樊、馀祭、馀眛就采取了兄终弟及的方法，想以此把国家交到季札的手中。但是季札终究没有同意。后来馀眛病故，馀眛的儿子僚即位，是为吴王僚。

而公子光是诸樊的儿子，因而心有不甘，父亲本是长子，当年传位给叔父们是事出有因，现在叔父死了，也应该轮到自己，凭什么他的儿子继位。于是他暗中招纳贤能之士，准备袭击吴王僚，夺回王位。

前515年的四月，公子光为吴王僚精心准备了一场有来无回的宴席。尽管吴王僚戒备森严，但还是被公子光找到了突破口。

众人醉意正浓之时，只见负责上菜的专诸在将一条鱼呈给吴王僚的时候，从鱼腹中拿出一柄精致的匕首，径直刺向吴王僚。吴王僚当场毙命，随即专诸也被吴王僚的卫兵杀死。

就在众人六神无主的间隙，公子光率领伏兵杀出，将吴王僚的卫兵一网打尽。

遍地狼藉，鲜血流淌，公子光走过一具具尸骸，成功问鼎吴国权力的宝座，成为著名的吴王阖闾。

表面上，专诸是大义凛然的头号功臣，但历史的舞台从来都不光有演员，更有幕后运筹帷幄的终极玩家，而主导公子光政变的终极玩家，便是伍子胥。

公子光问鼎王座后，第一时间就把伍子胥请到台前，让他担任要职，共谋天下霸业。

接下来，世间的运势也渐渐往吴国倾斜，大好河山的轮廓似乎渐渐清晰。

03
兴兵复仇

伍子胥上位后，反复向吴王阖闾推荐一个人。这个人，就是流芳千古的"兵圣"孙武。

俗话说一张一弛，文武之道。对一个急需用人的新政权而言，如果能在文武两方面得到当世贤才的辅佐，那绝对是国家之幸，社稷之福。

文治方面，阖闾有感于吴国民生凋敝的现状，便问计于伍子胥，经过几年的发展，吴国呈现出国泰民安的气象。武功方面，阖间知道孙武精通兵法、熟谙战阵，便请他操练军队，强兵备战。

前506年，吴国已经在吴楚之战中占据了绝对优势。后来吴国和唐国、蔡国一道出兵伐楚，联军五战五捷，没多久就进入了楚国的都城郢。

对阖闾来说，这是春秋时期第一次攻入敌国首都的战争，吴国开辟了历史先河。对伍子胥而言，这是他多年来昼思夜想的时刻。无数个日夜，他辗转奔走，忍辱负重，为的就是有朝一日能够报杀害父兄之仇，雪灭门之耻。

可搜遍全城，他也没找到楚昭王的踪影。当他知道楚昭王已经逃跑后，他来到了楚平王的坟墓前。

04
临终托孤

炎炎烈日下，伍子胥用鞭子抽打着楚平王的尸体，足足打了三百多下。昔日的好友申包胥听说此事后，倍感震惊，派人当面谴责伍子胥。可伍子胥却丝毫不为所动，他不想伪装成一个昔日的楚国忠臣，那样无法面对父兄的在天之灵。

在他的信念体系里，大丈夫生于天地之间，就是要爱我所爱，恨我所恨，与其为赢得好评而遮遮掩掩，不如快意恩仇。

同伍子胥一样，阖闾也是个敢爱敢恨，敢作敢当的大丈夫。

专诸帮他夺取了王位，他便把专诸的孩子看作自己的孩子；伍子胥为他鞠躬尽瘁，他也对伍子胥百般信任。当无数人抨击伍子胥鞭楚平王尸体的行为时，他也没觉得哪里不妥。

后来吴国征讨越国，阖闾被越王勾践的士兵击伤了脚趾，且伤重而亡。临死之前，阖闾也没有像其他父王那样对儿子再三叮嘱，只对儿子夫差说了一句话："勿忘杀父之仇。"

为什么戎马半生的刘备，会专程去拜访晚辈后生诸葛亮？为什么刘备去世后，诸葛亮坚持鞠躬尽瘁，死而后已？这大概跟阖闾与伍子胥一样，在红尘中找到了同频共振的那个人。大家名义上是君臣，有着领导者与下属的天然差异，可在内心深处，他们就是两副躯壳中的一个灵魂。

阖闾弥留之际，把江山和儿子托付给伍子胥，给他吴国最高官职，称相国公。阖闾去世后，伍子胥不忘嘱托，全心全意为吴国工作。无奈，夫差没有父亲阖闾与伍子胥那般的心灵契合，伍子胥劝他提防勾践，他却从不放在心上，再加上谗言和挑拨，导致两人矛盾重重。最终，夫差决定赐死伍子胥。

在伍子胥死后的第十一年，卧薪尝胆的勾践灭掉吴国，夫差被迫自杀。吴国从此烟消云散，但阖闾与伍子胥的君臣佳话却流传至今。

如果我们能够遇上那种跟自己同频共振，给予彼此高度认同的人，那么这将是一生的幸运。所谓开挂的人生，不是拥有他人朝思暮想的名利，而是拥有他们有可能一辈子也遇不上的知己。

刘邦和张良：一切尽在不言中

> 良欲往从之，道遇沛公。沛公将数千人，略地下邳西，遂属焉。沛公拜良为厩将。良数以太公兵法说沛公，沛公善之，常用其策。良为他人言，皆不省。良曰："沛公殆天授。"……汉六年正月，封功臣。良未尝有战斗功，高帝曰："运筹策帷帐中，决胜千里外，子房功也。自择齐三万户。"
>
> ——《史记·留侯世家》

张良，西汉开国功臣，政治家，与韩信、萧何并称为"汉初三杰"。身为谋士，张良进则为帝王师，可谋国兴、立邦安；退则为逍遥身，可保平安、延富贵，是千百年来文人争相效仿却望尘莫及的典范。张良能有如此成就，一方面是因为自身卓绝的才华，更重要的是他和刘邦的默契。

01

行刺秦始皇

前218年，秦始皇带着浩浩荡荡的队伍进行第三次东巡。当东巡队伍行走到博浪沙时，人群中有一位年轻人，带着一名大力士，向秦始皇的车队投掷了一枚铁椎。铁椎误中始皇侍从的车辆，刺杀行动以失败告终。布局和谋划此次刺杀行动的年轻人，就是张良。

这次失败，让原本充满理想主义的张良学会了务实。后来的岁月里，他一方面苦学兵法，一方面等待时机，直到等来了他生命中的"最佳拍档"。

张良原本是韩国的贵族，祖上五代都在韩国做宰相。如果一切顺利，以祖上积攒起来的政治资本，张良成为韩国宰相几乎是顺理成章的事。

但是，在战国七雄当中，韩国夹在六国中间，领土最小，实力也最弱。所以秦始皇统一六国的时候，最先灭掉的就是韩国。

韩国灭亡的时候，张良还很年轻，没有做官，但他亲眼见证了韩国灭亡的全过程，内心播下仇恨的种子。他暗暗发誓，无论以何种手段，都要向秦国复仇。

接着，他散尽家财，寻找刺客，刺杀秦始皇。秦始皇第三次东巡，正好路过张良的家乡。这是难得的机会，但是，他失败了，从此开启了逃亡生涯。因为这次失败，他放弃了刺杀秦始皇的幻想，转而寻找更加恰当的时机和方式灭掉秦国。

逃亡途中，张良在下邳一座桥上遇到了一位老人，老人让张良帮他捡起扔在桥下的鞋子，张良好脾气地照做了。老人见他谦恭有礼，后来送给他一本《太公兵法》。老人说："读懂这本书，就能成为王者师，以后十年，你会成就一番事业的。"此后张良熟读此书，成了了不起的谋士。

要光明磊落地灭掉秦国，就需要依靠一支军队，而他只需要搞定领军的人就可以了。这个人不仅要志向远大，更要胸怀宽广，对他言听计从。唯有如此，他才能倾尽毕生所学，为对方建功立业，为自己报亡国之仇。

02

辅佐刘邦

前208年，是刘邦命运的第一个转折点。这一年，在楚怀王的主导下，刘邦和项羽约定——先入关中者为王。按照约定，实力较强的项羽率军北进，和秦军主力正面交锋。实力偏弱的刘邦率军一路向西，直指咸阳。

项羽从来都是自信的、无所畏惧的，但刘邦心里却没底。和项羽相比，刘邦在军事方面的能力简直不值一提，即便是和秦国的杂牌军开战，他也打得十分吃力，经常吃败仗。巧的是，此时张良出现了。

史书上对刘邦和张良第一次见面时的场景并无描述，但是这次会面应该是相当愉快的。这时的刘邦想攻打函谷关，张良制止了他，他说："沛公您急着想进函谷关，但是别忘了，秦军的主力还在，急功近利是非常危险的。你不如先攻打南阳，然后再从南阳出发，从侧面进攻函谷关。"

刘邦听从他的建议，连夜改变了战略，把派出去的军队叫了回来。张良其实是有私心的，他是韩国人，南阳一带正是韩国故土。他劝说刘邦攻打南阳，显然是在借助刘邦的力量复国。

刘邦未必不知道张良的真实意图，但没有介意。相反，初次见面，刘邦便展示了自己的胸襟，不仅不怀疑张良，反而迅速执行了张良的谋略，这就是一种默契。这时的张良也一定是充满感激的，他眼前的这个人，虽然实力较弱，但却对他言听计从。这样的人，不就是自己要等的那个人吗？接下来的岁月里，张良开始倾其所学，辅佐刘邦。

不久后秦三世子婴派人找到了刘邦，说要将关中地区一分为二，与刘邦一人一半。听到这个消息，刘邦既高兴又纠结。正当刘邦不知所措的时候，张良为刘邦打破了两难的局面。张良说道："我们暂时不要轻视他们，先派人跟秦军将领把利害关系讲一讲，看看他们什么反应。"派去的使者回来说，秦军愿意和谈。刘邦十分高兴，立马表示自己也愿意和谈。

但张良适时地站了出来，提醒刘邦要冷静，不要被表面现象迷惑，他说："这只是秦军将领想和谈，我担心士兵们未必赞同，所以我们不如趁此时秦军比较懈怠袭击他们。"

对刘邦来说，和谈对自己来说已经是天大的诱惑了。他一个小小的"亭长"，今天能跟秦三世平分关中，何必再去冒风险打仗呢？

但刘邦再一次展现出了和张良的默契，完全听从了他，并亲自率军按照张良所说的方略偷袭秦军。果然，他轻松地击败了对手。这一仗之后，刘邦进入咸阳的阻碍荡然无存。

刘邦有野心，可欠缺谋略，所以，在整个诛灭暴秦的过程中，张良不断替他出谋划策，二人配合默契，势力很快发展壮大。

03

摆平"鸿门宴"

按照之前的约定，先入关中者为王。在张良的辅佐下，刘邦顺利进入了咸阳。但刚刚歼灭秦军主力、意气风发的项羽，要找刘邦问罪了。于是，著名的"鸿门宴"上演了。

刘邦这时候六神无主，但是张良没有惊慌，他带着刘邦去见了前来通风报信的项伯，让刘邦先承诺不敢背叛项羽。刘邦很聪明，一点就通，立马把项伯称为"兄长"，并且约好日后做儿女亲家。项伯很感动，回去后，把所见所闻全都告诉了项羽，这就给了项羽一个心理暗示——刘邦不会反。

在鸿门宴上，杀机四伏，项羽的谋士范增多次暗示项羽杀掉刘邦，项羽犹豫不决，于是范增派出项庄舞剑，伺机刺杀刘邦。在刘邦危急之际，张良急中生智、匡扶危局。他先让大将樊哙直接进军营见项羽，分散项羽的注意力。

刘邦看见樊哙，立马对张良的策略心领神会，于是利用这个契机，以上厕所的名义逃了出来。张良则留下来，替刘邦周旋，说服项羽相信刘邦不会反叛。张良再次完美地化解了危机。

在楚汉战争的高潮阶段，刘邦率军五十六万正面硬碰项羽，结果溃不成军。在汉军即将被歼灭之际，又是张良站了出来，提出了著名的"下邑之谋"，主张分化项羽身边的几位诸侯，以牵制项羽，从而给汉军争取喘息的机会。刘邦听了他的陈述，当场决定完全依计执行。果然，刘邦再次在张良的指导下化险为夷。

在秦末天下大乱的局面中，刘邦和张良的组合，无疑是诸侯当中的"最佳拍档"。刘邦没有军事才能，但却能虚心接纳张良的意见；张良没有成为统帅的志向，但却总是深谋远虑地为刘邦指明道路。张良帮刘邦谋取天下，刘邦帮张良完成了复仇。这种默契，创造了一段传奇的君臣佳话。

04

功成身退

张良原是韩国贵族，有着浓烈的家国情怀，他之所以追随刘邦反秦，就是为了恢复韩国故土。但张良并不是一个自私的人。刘邦身边的谋士曾经对刘邦说："秦朝之所以灭亡，就是因为没有搞分封，如果陛下能继续封六国的后代为王，那他们就会全心全意地帮你击败项羽。"刘邦觉得很有道理，就跟张良提了此事。

这一刻，张良离自己的梦想是如此之近，只要他赞同，韩国或许就有可能再次出现在历史舞台上。但是，在和刘邦相处了这么久之后，在经历了这么长时间的战乱之后，张良提出了预见性的建议："现在已经不是搞分封的时代了，如果主公把土地分封给六国的后人，那谋士和将领们都将各归其主，到时候谁来辅佐你呢？更何况，六国气数已尽，即便现在复国了，你怎么保证他们会为你卖命，而不是为更为强大的项羽卖命呢？"

刘邦恍然大悟。也许这一刻刘邦的内心是感动的，而张良的内心是悲哀的。在张良看来，他成全了天下，成全了刘邦，却背叛了故国，内心的痛苦和煎熬可想而知。

多年以后，在帮助刘邦平定天下后，张良说了一段推心置腹的话："我家世代都是韩国的臣子，韩国灭亡之后，我不惜耗尽万贯家财，替韩国向强秦报仇，天下为之震动。现如今我凭借三寸之舌做了帝王师，封万户侯，对我来说，已经非常满足了。现在我想去归隐了。"史书上没有记载刘邦是如何回应的。但从这一刻开始，他们之间可能已经不再是君臣，而是知己。

刘邦去世之后，白发苍苍的张良回来参加他的葬礼，此时他因为归隐修道，学习辟谷之术，不能吃东西。刘邦的妻子吕后虽然心狠手辣，对开国功臣赶尽杀绝，但对张良却十分感激，劝他多少吃点东西。见张良不肯，吕后语重心长地说："人生一世间，如白驹过隙，何至自苦如此乎！"

刘邦曾经谦逊地说："夫运筹策帷帐之中，决胜于千里之外，吾不如子房。"张良则多次承认"沛公殆天授"。这不是相互吹捧，也不是虚情假意，而是在乱世中磨合出来的默契，乃至友谊。

刘备和诸葛亮：鱼到南阳方得水

时先主屯新野。徐庶见先主，先主器之，谓先主曰：
"诸葛孔明者，卧龙也，将军岂愿见之乎？"先主曰："君与
俱来。"庶曰："此人可就见，不可屈致也。将军宜枉驾顾
之。"由是先主遂诣亮，凡三往，乃见。……於是与亮情好日
密。关羽、张飞等不悦，先主解之曰："孤之有孔明，犹鱼之
有水也。愿诸君勿复言。"羽、飞乃止。

——《三国志·诸葛亮传》

历史上的刘备并不是一个"爱哭包"，但也真真切切哭过几
次。官渡之战后，曹操斗志昂扬，继续征战，统一北方，而刘备
投奔到了刘表处，过着寄人篱下的生活。有一年端午节，他和刘
表喝酒聊天。席间，刘备上了趟卫生间。从卫生间出来，刘表发
现刘备脸上有哭过的痕迹，就问他原因。

刘备叹息地说："吾常身不离鞍，髀肉皆消；今不复骑，髀
里肉生。"当时刘备四十多岁，已经是人生过半。刘备恨年华将
逝，自己不能建功立业。此时的他还不知道，不久后，他将遇到

诸葛亮——这个改变他后半生命运的人。

01

三顾茅庐

诸葛亮曾在《出师表》中自谦地说："臣本布衣，躬耕于南阳。"其实，诸葛亮出身于名门望族，父亲曾任太山郡丞，叔父也任过豫章太守。父亲、叔父相继去世之后，诸葛亮到南阳定居，躬耕垄亩，自给自足，他还结交了水镜先生、庞德公、徐庶等师友。

诸葛亮热衷时事，并且聪明绝顶，被庞德公赞为"卧龙"。诸葛亮经常以管仲、乐毅自比，渴求遇到齐桓公那样礼贤下士的明君。

二十七岁那年，诸葛亮终于遇到了心中的明君——刘皇叔刘备。刘备诚意满满，三顾茅庐，两人相见恨晚。诸葛亮对天下形势了然于胸，结合刘备现状，提出了最切实可行的战略，先取荆州再取巴蜀，对外联合孙权，对内修明政理，然后等待时机，北伐曹魏，收取天下。这就是著名的"隆中对"。

在这之前，刘备空有一腔壮志，但苦于身边没有出谋划策的大贤，虽然辗转多地征战半生，却始终没有建立大的功业。如今诸葛亮的一番话，如拨云见日，让正处于低迷期的刘备看清了前进的方向，也看到了复兴汉室的希望。

刘备待诸葛亮十分亲密，关羽和张飞对此心生不悦，刘备曾说："孤之有孔明，犹鱼之有水也。"关羽、张飞不解。不久，曹操挥师南下，兵锋直指荆州，战争一触即发，荆州牧刘表却在此时因病去世了，次子刘琮继位。刘琮和荆州一班文武畏惧曹操大军，将荆州拱手献出。

曹操不费吹灰之力就得了荆州，军容正盛，兵锋正劲。此时的刘备不得不轻装简从带领诸葛亮、张飞、赵云等十多人逃往江夏。形势岌岌可危，命悬一线，此时诸葛亮挺身而出，出使东吴，试图说服孙权联刘抗曹。

弱国无外交，何况刘备还没有自己的地盘，再加上当阳新败，诸葛亮年轻，"外交之路"困难重重。诸葛亮通过舌战群儒、智激孙权，使孙权终于下定决心和刘备联手抵抗曹操南下的大军。战场就在赤壁，东吴都督周瑜用火攻大败曹军。从此，曹操退回北方，不敢轻易南征。

刘备和孙权瓜分了荆州，屡次兵败的刘备终于打了一次胜仗，赢得了第一块真正意义上属于自己的地盘。诸葛亮被正式提拔为军师中郎将。

02

晋位汉中王

按"隆中对"的规划，得荆州之后，刘备下一个目标就是益州。后来在张松的运作下，刘备把镇守荆州的任务交给诸葛亮和关羽，自己带着庞统朝益州进发。益州牧刘璋想借刘备的力量抗击张鲁。由于刘璋懦弱无能，他手下的法正和张松劝刘备趁机拿下益州。

不料事泄，张松被刘璋斩首，刘备、刘璋撕脸开战。初时，战事并不顺利，刘备损兵折将，不得已，诸葛亮同张飞、赵云一起入蜀，共同对付刘璋，这才拿下成都。事后，刘备升诸葛亮为军师将军，署理左将军府事。

刘备把成都的治理之权交到诸葛亮手上，自己则带着法正前往汉中。

《三国志》记载："先主外出，亮常镇守成都，足食足兵。"有诸葛亮在，刘备无后顾之忧，得荆州，占益州，征汉中，两人同心协力，复兴汉室的大业指日可待。

随着刘备势力的不断壮大，是非也随之而来。刘备十分信任法正，但有人看不惯法正的心胸狭窄，睚眦必报，就怂恿诸葛亮去告法正的状。

诸葛亮说："主公之在公安也，北畏曹公之强，东惮孙权之逼，近则惧孙夫人生变于肘腋之下。当斯之时，进退狼跋，法孝直为之辅翼，令翻然翱翔，不可复制，如何禁止法正使不得其意邪？"之前刘备在荆州时，受到来自各方的压力。危机四伏，幸亏有法正辅助，刘备才摆脱困窘，扬眉吐气。法正有功，为什么要约束他，让他不如意呢？

诸葛亮毫无争权夺利之心，事事以大局为重。夺取汉中之后，在诸葛亮等人的极力拥护下，刘备顺应时势，晋位汉中王。法正被封为尚书令、护军将军，官职在诸葛亮之上，但从未见诸葛亮有任何不满。

就像诸葛亮所说："非淡泊无以明志，非宁静无以致远。"他淡泊名利，不追求荣耀，心心念念的只有和刘备一起恢复汉室江山。

03

鞠躬尽瘁，死而后已

刘备集团的不断壮大让孙权大感威胁，他暗中将利刃对准了蜀军，趁着关羽在前方和曹军交战，偷袭荆州，后又杀害了不肯投降的关羽。紧接着，曹操去世，曹丕篡汉，建立魏国。第二年，刘备登基为帝，建立蜀国。诸葛亮出任丞相，总揽蜀国政务。

虽贵为帝王，但刘备一心想为关羽报仇。诸葛亮一直坚持着

"东连孙吴，北拒曹操"的战略方针，若孙刘开战，于兴复汉室无益。大臣们也多次劝谏刘备，但刘备不顾群臣反对，发起了对东吴的讨伐战。两军在夷陵交战，吴军胜利，蜀军死伤惨重，刘备连夜逃到白帝城。

在白帝城，处于弥留之际的刘备，对诸葛亮说："君才十倍曹丕，必能安国，终定大事。若嗣子可辅，辅之；如其不才，君可自取。"不论你是辅佐新君，还是心存异志，我都给你名正言顺的选择权。

诸葛亮痛哭流涕："臣敢竭股肱之力，效忠贞之节，继之以死！"你放心，我一定竭尽全力效忠新君刘禅，至死不渝！

刘备又特下诏书，郑重地告知刘禅："汝与丞相从事，事之如父。"你要把诸葛亮当父亲一样尊敬。不论这些话是发自真心，还是出于其他原因，刘备确确实实把自己的国家、儿子、理想，全都托付给了诸葛亮。

诸葛亮是幸运的，能得刘备这样托付。刘备也是幸运的，有这样一个人可以托付。

223年，刘备病逝。刘禅继位后，确实遵从刘备的话，对诸葛亮尊敬有加，大小政务都听由诸葛亮决断。诸葛亮手中权力不可谓不大，但人却一如既往地谨慎自律，公正严明，不敢有丝毫松懈。他扶持幼主，治国理政，明确法度，稳定人心。政局稳定之后，诸葛亮又带兵南征，平定云贵一带的少数民族叛乱。

227年，诸葛亮上《出师表》，北上伐魏。此后数年，他殚精竭虑，直到油尽灯枯。

234年，五十四岁的诸葛亮不幸病逝于五丈原，杜甫感慨："出师未捷身先死，长使英雄泪满襟。"

"鞠躬尽瘁，死而后已。"诸葛亮做到了，他无愧于刘备，无愧于刘禅，也无愧于自己。

刘备大度弘厚，知人善任，让诸葛亮死心塌地地追随。诸葛亮才能卓越，忠诚律己，让刘备全然放心。纵观诸葛亮和刘备一起走过的十几年，有过"蜜月期"，也有过平淡期，但信任始终都在。即使刘备去世，诸葛亮也初心不改，将"忠诚"二字贯彻到底。两人名为君臣，实为知己。

其实，人与人相交，最难得的就是能相互信任。刘备没有看错人，诸葛亮也没有辜负主上的这份信任。

符坚和王猛：耐心磨合，共襄大业

> 猛瑰姿俊伟，博学好兵书，谨重严毅，气度雄远。细事不干其虑，自不参其神契，略不与交通。是以浮华之士咸轻而笑之。猛悠然自得，不以屑怀。……怀佐世之志，希龙颜之主，敛翼待时，候风云而后动。……符坚将有大志，闻猛名，遣吕婆楼招之，一见便若平生。语及废兴大事，异符同契，若玄德之遇孔明也。
>
> ——《晋书·王猛载记》

萧条混乱的魏晋十六国时期，北方的前秦政权一度出现了难得的盛世景象。政通人和，经济繁荣，文教昌盛，人民安乐。在创造这一景象的过程中，有一对君臣搭档功不可没：前秦皇帝符坚与他的辅臣王猛。

01

苦苦寻觅，何时相遇

苻坚和王猛都有开创盛世的雄心，但二人迟迟没有相遇。《晋书》上说王猛："怀佐世之志，希龙颜之主。"也就是说，他怀抱济世之心，日夜盼望能遇到与自己契合的君主。但这个过程不怎么顺利。

王猛家中不算富裕，以贩卖簸箕为生。好在他还有受教育的条件，自幼就苦读律法、兵书。他对时局十分关心，对生活琐事则毫不在意，很少和周围人聊天。别人嫌弃他，他也无所谓。因为王猛在乎的不是家长里短的事，他在乎的是：什么时候能找到一位好领导，好和他一起拯救苍生。

机会也不是没有。后赵政权的司隶校尉徐统，觉得王猛是个人才，想让他做自己的功曹。但熟知天下形势的王猛明白，彼时的后赵已经日暮途穷，于是他推辞了。之后，他上了华阴山，跟着一位大师修行。

几年后，东晋的重臣桓温率军北伐，前秦政权的首都长安告急。这时，王猛来见桓温。王猛穿着粗布衣服，一边捉衣服里的虱子，一边高谈阔论。桓温仔细观察了半晌，觉得王猛是个奇人，于是向他请教："我奉天子之命北伐，为百姓扫荡残暴之人，但当地豪杰怎么没有来帮我的呢？"

王猛答道："您都已经跑了数千里了，如今长安就在眼前，您却不再前进。人家不知道您到底是怎么想的，所以才不来。"王猛的这番话，说中了桓温的心事。

桓温北伐，并不是要统一全国，而是把这当作从政的资本。桓温听了王猛的话，无言以对，不知道说什么好。

这次见面，就这样不了了之。王猛没有表示要跟着桓温做事，桓温也没有提出邀请。不久后，桓温撤军。临行前，桓温向王猛伸出了橄榄枝。他让王猛做高官督护，又让他和自己一起南归为东晋服务。

高官督护在晋代是一个类似将军的职位，地位不低也有实权。王猛有些犹豫，于是去问师父该怎么办。师父说："你和桓温一样，都能担当重任。在这里你就能功成名就，何必跑那么远。"

从史料来看，王猛的师父分析得很有道理。一方面，桓温是个政客，并不是心系苍生的人。另一方面，东晋的门阀制度，恐怕不会给出身寒门的王猛留下多大发展空间。门阀制度，简单来说就是一切看出身、看门第。

事业不由能力决定，婚姻不由感情决定，而是全看门第品级。因此，王猛听从师父的建议，拒绝了桓温的提议，转而去了前秦的尚书吕婆楼府上做事。可是吕婆楼并不是一个很有才干的人，王猛何时才能遇到明主？

02

耐心磨合，达成默契

在王猛心中郁闷的同时，当时的东海王苻坚也忧心如焚。他胸怀天下，战功赫赫。然而，这依然没能改变他身边浓重的黑暗氛围。

他所处的那个时期，是历史上有名的乱世。那时的统治者，如石虎、苻生等，都是残暴、嗜杀之人。屠城、强抢民女、横征暴敛、迫害大臣的事，每天都在上演。胆小的人纷纷逃亡，胆大的人则互相残杀。至于民生、经济等，无不一塌糊涂。

苻坚的部将实在是无法忍受这样的日子了，就偷偷对苻坚说："如今的主上残忍暴虐，早已与百姓离心离德，大王应该夺取政权，以顺民心啊！"但苻坚担心自己实力不够，就去问尚书吕婆楼怎么办。

吕婆楼说："我不足以成大事。我府里有个叫王猛的人，很有谋略，殿下应该去请他来问问。"就这样，苻坚见到了王猛。虽是初见，却像是故友重逢。两人共同探讨时事，聊得非常投机。苻坚十分兴奋，说："我遇到王猛，就像刘备遇到了诸葛亮。"很快，苻坚在王猛等人的帮助下，废掉了残暴的苻生。苻坚即位后，称大秦天王，任命王猛为中书侍郎。

他们第一次合作，便取得这么大的成功，但这并不代表之后的合作会一直这么顺利。那时雍州的始平县，到处都是贪官污吏、小偷。苻坚便让王猛出任始平令，去治理始平县。

王猛到任后，采用铁腕手段，强力推行法治。不多久，他就用鞭子打死了一位奸恶的官吏。官吏家属上诉告状，监察部门也劾奏了王猛。于是，王猛便被装上囚车，投入大牢。苻坚亲自审问王猛，沉痛地说道："当官做事，要首先讲究仁德。你才上任几天就开始杀人，太残暴了！"

要知道，苻坚是那个残暴时代少有的仁柔之君，而王猛却是人如其名——刚猛强硬。王猛拒绝认错，而是反驳道："治理和平的邦国，要用礼仪道德；治理混乱的邦国，就要用严刑峻法。臣这才杀了一个奸人，还有成千上万的奸人没杀呢。如果臣不能除暴安良，不能清除不法之徒，那么臣就辜负了陛下对我的信任。非要说臣残酷，臣接受不了。"

苻坚听了，对群臣说："王猛是管仲、子产那样优秀的人才啊。"于是赦免了王猛。真正优秀的人，不会害怕与合作伙伴的磨合。尽管这个过程可能会带来麻烦和痛苦，但都是值得的。这期间，特别需要彼此的信任和理解。

03

彼此支持，共创辉煌

苻坚赦免王猛以后，不久见他政绩斐然，又向他委派了其他重要职务。其中一项便是京兆尹，也就是首都的行政长官。王猛担任京兆尹期间，充分展现了他的铁腕手段。

皇太后的弟弟、光禄大夫强德，酗酒耍横、抢男霸女、巧取豪夺，百姓恨死他了。王猛一到任，就逮捕了强德。苻坚知道王猛向来雷厉风行，便急忙派使者飞马过去，要求"刀下留人"。王猛没等苻坚使者到来，便下令将强德斩首示众。但苻坚对王猛的先斩后奏并没有表示任何不满。

王猛见苻坚对自己如此信任，于是再接再厉——几十天之间，他斩杀、处罚作奸犯科的豪强贵族就有二十多人。苻坚没有生气，而是连连感叹："我今天才知道天下是有王法的！"从此以后，苻坚日益重用王猛。

这却招致了其他官员的强烈不满。姑臧侯樊世是一位老将，曾经辅佐前秦开国皇帝苻健平定关中。他看着年纪轻轻的王猛青云直上，不由得妒火中烧。他对王猛说："我们这一辈人累死累活地耕地，你倒在这里吃现成饭。"

王猛毫不客气地回敬道："不仅要让你耕地，还要让你把饭做熟呢！"气得樊世大吼："我要是不把你的人头挂在城门上，我就不活了！"王猛把这事告诉了苻坚，苻坚说："不杀这个老家伙，百官怕是不肯听你的呀。"

过了一段时间，樊世和王猛在苻坚面前发生了争执，樊世便抢起拳头，向王猛砸去。苻坚大怒，下令处死了樊世。自此以后，亲贵也罢，百官也好，见了王猛，懂事乖巧多了。

符坚与王猛这对搭档，终于可以放开手脚，大展宏图。二人通力合作，将混乱不堪的前秦治理得俨如盛世。据《晋书》记载，当时的前秦"人思劝励，号称多士，盗贼止息，请托路绝，田畴修辟，帑藏充盈"。也就是说，犹如人间地狱的前秦终于改变了风貌——治安良好，政通人和，粮食丰收，钱财充足。

历史学家范文澜说："符坚在皇帝群中是个优秀的皇帝，他最亲信的辅佐王猛，在将相群中也是第一流的将相。"但可惜的是，王猛只活到五十一岁就去世了。此时的符坚，还不到四十岁。失去了最好的搭档，符坚的人生开始走下坡路。他的过度仁慈，带来了部下的背叛；他的骄傲大意，导致战事失利。

王猛死后仅仅十年，符坚便国灭身亡。人在这一生中，能找到心灵契合的同行之人，是非常不容易的。不仅要懂得选择，还要耐得住磨合，最重要的是要相互信任和支持。唯有如此，才能相互成就。